AF649828

Franz von Assisi
Tierschützer, Minimalist und Friedensstifter

Weitere Titel von Alois Prinz:
Bonhoeffer – Wege zur Freiheit (E-Book)
I have a dream – Das Leben des Martin Luther King
Jesus von Nazaret

Mehr über unsere Bücher, Autor*innen und Illustrator*innen auf:
www.thienemann.de

Prinz, Alois:
Franz von Assisi – Tierschützer, Minimalist und Friedensstifter
ISBN 978 3 522 30590 7

Lektorat: Frank Griesheimer
Umschlaggestaltung: Eva Jung, Florian Beddig, gobasil GmbH, Hamburg
Innentypografie: Kadja Gericke
Reproduktion: DIGIZWO Kessler + Kienzle GbR
Druck und Bindung: GGP Media GmbH, Pößneck

FSC
www.fsc.org
MIX
Papier | Fördert gute Waldnutzung
FSC® C014496

© 2023 Gabriel in der Thienemann-Esslinger Verlag GmbH, Stuttgart
Printed in Germany. Alle Rechte vorbehalten.
Wir behalten uns die Nutzung unserer Inhalte für Text und Data Mining im Sinne von § 44 UrhG ausdrücklich vor.
3. Auflage 2024

Alois Prinz

FRANZ VON ASSISI

Tierschützer, Minimalist und Friedensstifter

Gabriel

INHALT

Für Fra Bernardino (1939–2022)

Losgehen

Anfang Juli 2021 wanderte ich auf dem Franziskusweg in Italien, von Assisi nach Rom. Franziskus begleitet mich schon seit meiner Kindheit. Dieses Naturkind, das die Sonne liebte und mit den Tieren sprechen konnte, war für mich weniger ein Heiliger als ein guter Freund. Später, als mein Kinderbild verblasste und ich an ihm ganz andere Seiten entdeckte, habe ich viel über ihn gelesen und sogar einiges über ihn geschrieben. Es blieb jedoch ein Rest, etwas Geheimnisvolles, das diesen Menschen umgab. Schließlich fragte ich mich, ob man ihm vielleicht nachfolgen muss, um ihn noch besser zu verstehen – in dem ganz konkreten Sinn, dass man sich auf seine Spuren begibt und jene Gegenden in Italien durchwandert, in denen er unterwegs war. Die Landschaften in der Toskana, in Umbrien und den Marken waren für Franziskus keine Kulisse, sondern er war mit ihnen verwachsen. Und dass er zu Fuß ging, tat er nicht aus Not, sondern aus Überzeugung. Das Zufußgehen war ein Ausdruck seines Glaubens, eine Botschaft, eine Lebensform. Also ging ich los.

Der Weg führte durch Täler, entlang von Flüssen, auf Straßen und schmalen Pfaden, durch Städte und abgelegene Gebirgsdörfer. An manchen Tagen wanderte ich stundenlang durch waldreiche, hügelige Landschaften, ohne einem einzigen Menschen zu begegnen. Auf solchen verlassenen Wegen stellte ich mir oft vor, wie es wäre, wenn Franz von Assisi mir entgegenkäme. Ich wusste ja, wie er ungefähr ausgesehen hat. Thomas von Celano, ein gelehrter Mönch, der Franz gekannt hat und als Erster eine Geschichte seines Lebens verfasste, hat uns ein recht genaues Bild des Mannes aus Assisi hinterlassen.[1] Außerdem gibt es ein Porträt von Franz, ein sehr altes Fresko im Kloster San Benedetto bei Subiaco, das die Beschreibung Celanos bestätigt. Demnach war Francesco, wie er in seiner Heimat genannt wurde, ein kleiner Mann. Wissenschaftler haben herausgefunden, dass er nur einen Meter achtundfünfzig groß war. Er war schmächtig, hatte ein schmales Gesicht mit einer niedrigen Stirn, dunklen Augen, einem spärlichen Bart und abstehenden Ohren. Seine Beine waren dünn und seine Füße auffallend klein.

Insgesamt kann man also sagen, dass er keine imposante Erscheinung war und kein anziehendes Äußeres hatte. Sein Mitbruder Elias beschreibt ihn als »unscheinbar«[2]. Und Thomas von Split, der Franz als junger Student in Bologna erlebte, bezeichnet sein Gewand als »schmutzig« und sein Gesicht als »nicht gerade schön«.[3] Was er an Kleidung anhatte, ist schnell erzählt. Er trug eine braune Kutte mit einem Strick, darunter eine Unterhose. Das war's. Mehr hatte er nicht an. Auf Strümpfe und Schuhe verzichtete er, weswegen seine kleinen Füße eine dicke Hornhaut gehabt haben müssen. Denn Franz ging meistens barfuß, auch im Winter.

So sah ich ihn in meiner Fantasie auf mich zukommen. Vermutlich hätte er mich gegrüßt mit jenen Worten, mit denen er immer auf Menschen zuging: *»Buon giorno, buona gente!«* – Guten Tag, ihr lieben Leute! Wobei er mich wahrscheinlich als »lieber Freund« angeredet hätte. Und dabei hätte er mich mit jenem Blick angesehen, der die Menschen zu seiner Zeit so berührt hat. »Entwaffnend« hat jemand diesen Blick genannt, womit er sagen wollte, dass man sofort von der Sanftmut dieses Mannes eingenommen war und augenblicklich jeden Argwohn, jedes Misstrauen ablegte.

Vermutlich hätte Franz bei meinem Anblick milde gelächelt. Denn offensichtlich war ich so ziemlich das Gegenteil von ihm – ein moderner Mensch, ausgestattet mit allem Möglichen, das die Freizeitindustrie zu bieten hat, von der Sonnenbrille über den Rucksack bis zu den neuen Trekkingschuhen. Ganz zu schweigen vom Handy samt Powerbank und der Brieftasche mit Kreditkarte. Ich war für alle Fälle gerüstet.

Mit seinem milden Lächeln hätte Franz vermutlich sagen wollen: Aha, das brauchst du also alles!? Er jedenfalls hatte sich dafür entschieden, das alles nicht zu brauchen. Einen Vorwurf hätte er mir aber nicht gemacht. Höchstens mich ein bisschen aufgezogen wegen meiner perfekten Ausrüstung. Nie oder höchst selten hat er andere verurteilt. Immer ging es ihm darum, zuerst selbst das zu leben, was er für richtig hielt. Wenn er wirken wollte, dann durch sein Beispiel. Dabei folgte er keiner Idee oder einer Lehre. Es waren die eigenen Erfahrungen, die ihn dazu brachten, sein Leben zu ändern.

Die ersten fünfundzwanzig Jahre verbrachte er als verwöhnter Kaufmannssohn in Reichtum und Überfluss. Als junger Mann war er ein Partylöwe, der mit seinen Freunden die Nächte durchfeierte, das Geld seines Vaters mit vollen Händen ausgab und allerlei verrückte Dinge machte. Irgendwann fiel ihm auf, dass er sich unmerklich von vielem entfernt hat – vom Leben, von den anderen Menschen, von der Natur, von sich selbst. Blitzartig war der Gedanke in ihm aufgetaucht, dass ein ganz anderes Glück, eine ganz andere Freiheit möglich ist. Auf all das zu verzichten, was bisher für ihn zu einem schönen, angenehmen Leben gehörte, fiel ihm plötzlich nicht schwer. Er entdeckte, dass das Leben, das er durch diesen Verzicht gewann, unvergleichlich schöner und wertvoller war als das, was er hinter sich ließ. Franz folgte dieser Erleuchtung, erst zögerlich, dann immer entschlossener und schließlich radikal. Er wurde ein Aussteiger, ein *poverello*, ein armer Minderbruder, der wie ein fröhlicher Vagabund durch die Welt wanderte, der nichts besaß, nicht an den nächsten Tag dachte, jede Form von Macht ablehnte und niemandem überlegen sein wollte.

Das Ziel meiner Wanderung war Rom, wo im Vatikan ein Papst saß, der sich auch Franziskus nannte. Nie zuvor hatte sich ein Papst diesen Namen gegeben, was erstaunlich ist, wenn man bedenkt, dass Franz von Assisi einer der angesehensten Heiligen der katholischen Kirche ist. Offenbar wussten die Päpste, dass es ein Risiko gewesen wäre, sich nach ihm zu benennen. Sie lebten in Palästen, herrschten über eine Institution, die viel Macht und Geld besaß, sie führten Kriege und verfolgten Andersgläubige. All das lehnte Franz von Assisi ab. Er wollte eine arme Kirche und eine klassenlose Gesellschaft, in der sich alle zueinander wie Brüder und Schwestern verhielten. Was klingt wie ein schöner Traum, hat Franz zusammen mit seinen Freunden gelebt, allen Realisten und Pessimisten zum Trotz.

Nach seinem Tod wurde versucht, diese Botschaft des Franz von Assisi zu unterdrücken oder zu entschärfen und ein Bild von ihm zu schaffen, das weniger radikal und herausfordernd ist. Man erklärte sein Testament für ungültig und befahl, alle Schriften zu vernichten, in denen seine ursprünglichen Ideen zu erkennen waren. Aus Franz wurde ein harmloser Heiliger, der die Vögel liebt und die schöne Sonne besingt. Glücklicherweise blieben viele der verbotenen Berichte über ihn erhalten, sodass man immer noch herausfinden kann, wofür Franz lebte und was er eigentlich wollte. Papst Franziskus in Rom wollte mit seiner Namenswahl wieder an diesen Franz erinnern, vor allem an einen Franziskus, der Tiere, Pflanzen oder das Wasser als »Bruder« oder »Schwester« betrachtete, die nicht dazu da sind, von uns benutzt, verwertet oder ausgebeutet zu werden. Für Papst Franziskus war es diese »Achtsamkeit« gegenüber der Natur, die den Mann aus Assisi zu einem Vorbild für ein verändertes ökologisches Bewusstsein macht. Moderne Autoren gehen sogar noch weiter und behaupten, dass Franz von Assisi uns den Weg weisen kann aus einer Sackgasse, in die uns ein moderner Fortschrittsglaube geführt hat.

Eine Frage ging mir bei meiner Wanderung durch die Landschaften Umbriens nicht aus dem Kopf: Warum gerade er? Warum hat gerade dieser unscheinbare kleine Aussteiger, der nichts besaß und nichts sein wollte, der sich selbst als »Idiot« sah und »Spaßmacher Gottes« – warum kann dieser bedürfnislose, fröhliche Rumtreiber bis heute noch die Menschen bewegen und begeistern? Was war an ihm so besonders? Können wir modernen Menschen diesen mittelalterlichen Heiligen überhaupt verstehen?

Für den Theologen Adolf Holl bleibt Franz von Assisi eine »Sehnsuchtsgestalt«, die bei uns »eine Art ziehenden Schmerzes« auslöst und ein »Heimatgefühl« weckt.[4] Was ist das für ein Schmerz? Welche Zwänge, die wir uns auferlegt haben, welche Verluste, an die wir uns gewöhnt haben, lässt er uns schmerzlich spüren? An welche anderen Lebensmöglichkeiten erinnert er uns wie an eine verloren gegangene »Heimat«? Um eine Antwort zu finden, muss man vielleicht mit ihm mitwandern – und sich dabei die Geschichte dieses Mannes erzählen lassen.

I.

Ritter Francesco

Endstation Assisi. Als der Bus am Abend auf dem großen Parkplatz ankommt, bin ich der einzige und letzte Fahrgast. Alle anderen sind schon vorher ausgestiegen, in Bologna oder Florenz. Als ich mir den Rucksack auf den Rücken schwinge, erschrecke ich ein wenig darüber, wie schwer er ist. Für die nächsten Tage ist eine Hitzewelle angesagt. An die vierzig Grad sollen es werden. Ich halte mich für ziemlich fit, aber auf den Treppen und in den steilen Gassen hinauf in die Oberstadt komme ich ins Schwitzen. Eine Steintafel auf der Mauer weist mir den Weg: »Zu den deutschen Schwestern von S. Croce«.

Die Schwestern sind Nonnen des Klarissenordens, die in Assisi ein Kloster gegründet haben und ein Gästehaus unterhalten, in dem ich mich angemeldet hatte. Sie berufen sich auf die heilige Klara von Assisi. Chiara – so ihr italienischer Name – war eine Freundin von Francesco. Die beiden kannten sich schon seit Kindertagen und manche behaupten, sie seien ineinander verliebt gewesen. Nachdem Franz sein altes Leben aufgegeben hatte und in die Wälder gezogen war, riss Klara, die einer adligen Familie entstammte, von zu Hause aus, um sich Franz anzuschließen. Ein Wanderleben wie Franz hat Klara nie geführt. Das war für Frauen undenkbar. Sie lebte zusammen mit ihren Mitschwestern bis zu ihrem Tod zurückgezogen im Kloster San Damiano vor den Toren Assisis.

An der Pforte werde ich von einer Schwester, die für das Gästehaus zuständig ist, freundlich empfangen. Sie zeigt mir mein Zimmer. Es geht hinaus auf eine Terrasse und einen kleinen Garten. Von dort hat man einen weiten Blick in die umbrische Ebene. Im Gespräch erfahre ich, dass die Schwestern von Santa Croce in Klausur leben, das heißt, sie dürfen das Areal des Klosters nur in Ausnahmefällen verlassen. Ihr Alltag besteht darin, in der Küche oder im Garten zu arbeiten und die festgelegten Zeiten für das Gebet einzuhalten. Ich gestehe der Schwester, die ich auf Mitte sechzig schätze, dass ich mir ein solches Leben für mich nicht vorstellen könne. Sie lächelt und meint, dass sie von Gästen immer wieder gefragt werde, ob das Leben, das sie und ihre Mitschwestern führen, noch zeitgemäß sei. Sie kann verstehen, dass es für Außenstehende schwer ist zu begreifen, warum die Schwestern in dieser Gemeinschaft sich nicht eingesperrt fühlen und durchaus glücklich sind. Das Kloster ist für sie ein Schutz vor den Zerstreuungen der modernen Welt draußen. Nur wer eine Berufung zu diesem Leben in der Kontemplation erfahren habe, so heißt es auf der Homepage des Klosters, könne es in seiner »tiefsten Dimension« begreifen.

Im Speisesaal des Gästehauses sitzt an dem langen

Tisch eine Pilgergruppe aus der Nähe von München. Zu ihr gehört ein älteres Ehepaar, mit dem ich ins Gespräch komme. Die beiden erzählen mir, dass sie ihre Tochter im Kloster besuchen. Vor vielen Jahren hat sie als junge Frau eine Reise nach Assisi gemacht. Eines Tages rief sie zu Hause an und teilte ihren Eltern mit, dass sie nicht mehr nach Hause kommen würde und ins Kloster eintreten wolle. Seither besuchen sie die Eltern ein Mal im Jahr. Anfangs, die ersten Jahre, durften sie mit ihrer Tochter nur durch ein Gitter sprechen. Später wurde ihnen ein Treffen im klösterlichen Garten erlaubt. Die Tochter scheint ihren Entschluss nie bereut zu haben. Überhaupt haben die Schwestern von Santa Croce keine Nachwuchssorgen.

Den nächsten Tag will ich in Assisi verbringen und dann zu meiner Wanderung aufbrechen. Gleich nach dem Frühstück mache ich mich auf den Weg in die Stadt. Die Schaufenster der Läden, an denen ich vorbeikomme, sind voll mit Souvenirs, auf denen Franziskus abgebildet ist: Amulette, Teller, Aschenbecher oder Feuerzeuge. Besonders beliebt scheinen die Franziskus-Figuren zu sein. Die meisten halten Vögel auf dem Arm oder ein Wolf sitzt zu ihren Füßen. Franz, der Freund aller Tiere.

Mein erstes Ziel am Morgen ist die Chiesa Nuova, eine Kirche, die an dem Platz errichtet wurde, wo Franz Ende des Jahres 1181 oder Anfang 1182 geboren worden sein soll. Ob sein Elternhaus wirklich hier stand, weiß man nicht so genau. Sicher ist jedenfalls, dass die Bernardones, wie die Familie hieß, eine angesehene und sehr reiche Familie waren, denen mehrere Häuser in und um Assisi gehörten.

Auf dem Platz vor der Kirche stehen Statuen der Eltern: Pietro Bernardone und seine Frau Pica. Die beiden halten sich an den Händen. Über seinem Arm hängt ein Gewand. Sie hat eine zerbrochene Kette in der Hand. Beides sind Hinweise auf ein Drama, das sich in der Familie abgespielt hat und das damit endete, dass Franz mit seinen Eltern brach. Es verwundert mich ein wenig, dass man den beiden ein Denkmal gesetzt hat. Ihr Ruf ist nämlich nicht gerade der beste. Nicht nur wegen des Bruchs mit ihrem Sohn. Thomas von Celano stellt in seiner Lebensbeschreibung den Eltern ein schlechtes Zeugnis als Erzieher aus.[5] Ihm zufolge übten sie einen schädlichen Einfluss auf ihren Sohn aus und Celano macht sie dafür verantwortlich, dass Francesco in seinen jungen Jahren ein verwöhnter Playboy war, der nur schöne Kleider, gutes Essen und nächtelange Feiern im Kopf hatte. Als Celano den Auftrag bekam, ein Buch über Franz zu schreiben, war der schon zum Heiligen erklärt oder – richtiger – verklärt worden. Von einem Heiligen erwartete man, dass er von Geburt an heilig ist. Wilde Partys und Luxus passten da nicht hinein. Und so hat Celano die Schuld an Francescos lasterhaftem Treiben den Eltern zugeschoben.

Thomas von Celano hat später eine zweite Lebensgeschichte verfasst und darin sein hartes Urteil über die

Eltern abgemildert. Das tat er gezwungenermaßen, weil Francescos ehemalige Gefährten inzwischen ihre eigenen Erinnerungen niedergeschrieben hatten und ihre Sicht auf die Eltern eine ganz andere war. Sie »liebten ihren Sohn mit Zärtlichkeit«, heißt es in ihren Aufzeichnungen.[6]

Man darf Francescos Freunden mehr Glauben schenken als dem Biografen Celano. Demnach war das Verhältnis von Franz zu seinen Eltern lange Zeit ein sehr liebevolles. Und »lange Zeit« heißt, bis Franz fünfundzwanzig Jahre alt war. Das ist mehr als die Hälfte seines Lebens! Franz war in diesen Jahren kein schwieriger Sohn, der gegen seine Eltern rebellierte. Im Gegenteil, alles spricht dafür, dass er sich mit seinen Eltern bestens verstand, seinen Vater bewunderte und seine Mutter liebte. Wie konnte es dann zum Bruch kommen?

Wenn ich durch die engen Gassen Assisis gehe, versuche ich mir vorzustellen, wie es hier zur Zeit von Francesco ausgesehen haben mag. Sicher, es fuhren keine Autos und Vespas herum, die Leute waren anders angezogen und es gab keine Touristen und Souvenirläden. Aber am Straßenbild hat sich so viel nicht verändert. Wie auch andere Städte in Italien war Assisi in den letzten Jahrzehnten stark gewachsen. Man schätzt, dass in und um die Stadt etwa zwanzigtausend Menschen gelebt haben. Die sozialen Unterschiede waren groß. In der Unterstadt lebte die arme Bevölkerung, Tagelöhner, Landarbeiter, Bedienstete. In der Oberstadt hatten die Bessergestellten und Wohlhabenden ihre Häuser. Zu ihnen gehörten die Adligen, die nicht arbeiten mussten, und die Handwerker wie Metzger, Schuhmacher oder Bäcker. Ihre Läden gingen teilweise auf die Straße hinaus, weswegen es dort sehr lebhaft zugegangen sein muss.

Die Welt, in die Francesco hineingeboren wurde, war eine Welt im Umbruch. Das Feudalsystem, in dem es Herren und Leibeigene gab, und die Gesellschaft, die nach einer festen, gottgegebenen Ordnung gestaltet war, wurden erschüttert. Etwas Neues bahnte sich an. Frei gewordene Bauern, arbeitslose Ritter und verarmte Adlige strömten in die Städte, die nun aufblühten und nach Unabhängigkeit von Kaiser und Papst strebten. Die Städte wurden zu Zentren des sozialen und wirtschaftlichen Lebens.

Eine neue Klasse entstand: das Bürgertum. Die Angehörigen dieser Klasse ließen sich nicht mehr auf einen durch Stände festgelegten Platz in der Gesellschaft verweisen, sondern produzierten eigene Waren und trieben damit einen freien Handel. »Was jetzt zählt«, so beschreibt es der Theologe Leonardo Boff, »ist weder Landbesitz noch feudale Titulatur, sondern Arbeit, Geld, Gold, Handel und materieller Wohlstand.«[7] Was sich hier in ersten Ansätzen entwickelte, sind die Kennzeichen einer modernen Welt, wie sie sich in den kommenden Jahrhunderten voll entfaltete und wie wir sie bis heute kennen. Pietro Bernardone war ein typischer Vertreter dieses neuen Bürgertums.

In einer Gasse neben der Chiesa Nuova gibt es eine Kammer, die als Verkaufsraum zum Laden des Kaufmanns Bernardone gehört haben soll. Das lässt sich nicht beweisen, ist aber durchaus möglich. Man kann sich jedenfalls gut vorstellen, wie solche Läden, die zur Gasse hinausgingen, ausgesehen haben. Unbestreitbar ist dagegen, dass Bernardone ein sehr erfolgreicher Geschäftsmann war. Er handelte mit Tüchern und Kleidern und es war nur Ware der besten Qualität, die man bei ihm kaufen konnte. Es gibt Dokumente, nach denen Bernardone einer Kaufmannsfamilie aus der Stadt Lucca entstammt, die nach Umbrien umsiedelte.[8] Demnach konnte er die Tradition seiner Familie fortführen. Dass er aber zu einem der reichsten Männer Assisis wurde, das verdankte er allein seinem Ehrgeiz, seiner Disziplin, seinem Fleiß und seinem Geschäftssinn.

Heute würde man Pietro Bernardone als einen neureichen Selfmademan bezeichnen. Ein englischer Autor nennt ihn einen »hard-headed businessman«[9], was man übersetzen kann mit »knallharter Geschäftsmann«. Das klingt nicht besonders sympathisch, doch es erkennt an, dass Bernardone jene Eigenschaften besaß, die nötig waren, um zu der neuen aufstrebenden Schicht zu gehören – dem Bürgertum. Ohne die Privilegien des Klerus und der Adligen bezog dieser Teil der Bevölkerung sein Selbstbewusstsein und seine Macht aus seinem wirtschaftlichen Erfolg – und der bemaß sich am verdienten Geld und den Gütern und Annehmlichkeiten, die man damit erwerben konnte.

Pietro Bernardone war mit seinen Geschäften nicht beschränkt auf Assisi und die Umgebung. Er unternahm weite Reisen, um seine Waren einzukaufen. Ein oder zwei Mal im Jahr machte er sich auf nach Frankreich, in die südlichen Provinzen, wo große Messen stattfanden. Bestimmt hat er sich dabei von bewaffneten Männern begleiten lassen. Da er viel Geld und wertvolle Stoffe mit sich führte, war die Gefahr, überfallen zu werden, groß. Bei diesen Reisen ging es natürlich darum, gute Geschäfte zu machen. Daneben aber lernte Pietro Bernardone auf den Märkten Menschen aus fernen Ländern kennen, er kam in Kontakt mit anderen Kulturen und fremden Sitten. Wenn er dann nach Assisi zurückreiste, hatte er nicht nur kostbare Stoffe, Schmuck und Kunstgegenstände im Gepäck, sondern auch jede Menge Geschichten und Neuigkeiten.

Er wird ein begehrter Gesprächspartner gewesen sein. Und vielleicht erzählte er seinen staunenden Zuhörern von jenen fröhlichen jungen Männern, den Troubadouren, die durchs Land zogen und über ferne schöne Frauen sangen. Oder von den abgerissenen Gestalten, die sicher nicht als seine Kunden infrage kamen, weil sie absichtlich arm sein wollten und verschlissene Wollkleider trugen. Katharer oder Waldenser nannten sie sich und behaupteten, keine Kirche und keine Priester zu brauchen, um zu leben, wie es die Bibel fordert. Bernardone empfand für diese Männer und Frauen durchaus Sympathie. Während er durch harte Arbeit sein Geld verdienen musste, schoben sich Kirchenleute gegenseitig ihre Ämter und Titel zu und ließen sich das teuer bezahlen. Überall sang man Spottlieder auf Priester, die mit Frauen zusammenlebten, Kinder zeugten und in Saus und Braus lebten, während in ihren Gemeinden die Leute hungerten.

Es wird vermutet, dass Pietro Bernardone auf einer seiner Reisen nach Frankreich seine spätere Frau kennenlernte. Ihr Name Pica, der in Italien unüblich war, deutet auf ihre französische Herkunft hin. Dafür spricht auch, dass ihr Sohn Francesco auch Französisch sprechen konnte. Es muss im Herbst 1181 gewesen sein, als Pietro Bernardone wieder zu einer seiner Frankreichreisen aufbrach. Dass Pica schwanger war und bald ihr erstes Kind zur Welt bringen würde, hielt ihn nicht auf. Das Geschäft war wichtiger. Als er nach langer Abwesenheit zurückkam, war das Kind, ein Junge, schon geboren und es hatte auch schon einen Namen. Pica hatte ihn Giovanni taufen lassen, also Johannes.

Jetzt zeigte sich, wer im Hause Bernardone das Sagen hatte. Dem Vater gefiel der Name nicht und er bestimmte, dass sein Sohn Francesco heißen solle. Dieser Vorname war noch ungewöhnlicher als Pica, denn kein italienischer Vater wäre auf die Idee gekommen, seinen Sohn

»kleiner Franzose« oder »Franzmann« zu nennen. Aber Pietro Bernardone stand noch ganz unter dem Eindruck seiner Reise nach Frankreich und diese Umbenennung war Ausdruck seiner Wertschätzung für jenes Land oder vielmehr seiner geschäftlichen Beziehungen dorthin. Und ohne Zweifel waren mit diesem Namen Erwartungen verbunden – die Erwartung vor allem, dass Francesco einmal im Familienbetrieb mitarbeiten und seinen Vater auf dessen Reisen nach Frankreich begleiten würde.

Dieses Machtwort bei der Namensgebung seines ersten Kindes sagt sehr viel aus über Pietro Bernardone und sein Verhältnis zu seinem Sohn. So wie er ihm den Namen gab, den *er* wollte, so bestimmend sollte er in Francescos Leben eingreifen, jedenfalls in der ersten Hälfte von dessen Leben. Dabei war Pietro Bernardone kein Despot. Wenn Francescos Gefährten später behaupteten, die Eltern hätten ihn zärtlich geliebt, so darf man das glauben. Nur müsste man einwenden, dass diese Liebe nicht ganz selbstlos war. Und darin liegt ein Widerspruch. Denn Liebe sollte ihrem Wesen nach ohne Wenn und Aber sein und nicht abhängig gemacht werden von einem gewünschten Verhalten. Ist sie an Erwartungen gebunden, entsteht eine geradezu teuflische Mischung. Einerseits wird eine vorbehaltlose Annahme versprochen, andererseits mit Liebesentzug gedroht. Die Folge ist eine Liebe, die fesselt und nicht befreit.

Die Fesseln dieser zwiespältigen Liebe hat wohl niemand schmerzhafter empfunden als ein anderer Franz, der siebenhundert Jahre nach Franz von Assisi lebte und Franz Kafka hieß. Auch sein Vater hatte ein Geschäft, in dem er modische Artikel verkaufte. Auch er war der Sohn, der zum Nachfolger bestimmt war. Dabei war sein größter Wunsch, ein eigenständiges Leben zu führen und seine Geburtsstadt Prag zu verlassen. Was ihn davon abhielt, war die Liebe seiner Eltern, die er als »Krallen« empfand. Jeder Fluchtversuch wurde durch schlechtes Gewissen vereitelt. Das »Entsetzliche« war für Franz Kafka, dass sich die Eltern nicht aus böser Absicht so verhielten, sondern aus Liebe.

~

Von der Chiesa Nuova sind es nur wenige Schritte bis zur Basilica di Santa Chiara, die der heiligen Klara geweiht ist. Es geht schon auf Mittag zu und die Sonne sticht von einem wolkenlos blauen Himmel. Auf dem großen Platz vor der Kirche suchen die Menschen nach Schatten. Nur einem kleinen Jungen scheint die Hitze nichts auszumachen. Beobachtet von seiner Mutter, läuft er einer Taube hinterher, die aufflattert, wenn er ihr zu nahe kommt. Der Junge dürfte drei oder vier Jahre alt sein und gibt nicht auf. Sobald die Taube wieder auf dem Pflaster landet, rennt er ihr nach.

Ich frage mich, ob auch der kleine Francesco hier Tauben gejagt hat. Es gibt so viele Legenden über ihn. Eigentlich müsste es auch eine geben, in der erzählt wird, wie er, der später ein so inniges Verhältnis zu Vögeln hatte, schon als Kind mit ihnen gespielt hat. Aber eine solche Legende würde ihm etwas andichten, was er als Kind noch nicht hatte, noch nicht war. Ich glaube, Francesco war ein ganz normaler Junge, der sich mit seinen Freunden in den Gassen herumtrieb. Irgendwann begann auch für ihn der Ernst des Lebens und er musste in die Schule gehen. Da, wo jetzt die Basilica di Santa Chiara steht, stand früher die kleine Kirche San Giorgio, in der die Kinder von Geistlichen unterrichtet wurden. Anhand biblischer Texte lernten sie Lesen und Schreiben und die Grundlagen der lateinischen Sprache.

Eine besondere Leuchte scheint Francesco nicht gewesen zu sein. Als Erwachsener scheute er das Schreiben, und die wenigen Briefe, die von ihm erhalten sind, sind voller Fehler. Seinen Eltern dürften die mäßigen schulischen Leistungen wenig ausgemacht haben. Schließlich sollte Francesco kein Gelehrter oder Priester werden, sondern ein Kaufmann. Und dazu brauchte er kein Latein.

In San Giorgio wird Francesco von den Übungen in lateinischer Grammatik gelangweilt gewesen sein. Hellwach wurde er dagegen sicherlich, wenn die Padres davon erzählten, wie ihre Kirche zu ihrem Namen kam. Es ist die Geschichte vom heiligen Georg, einem strahlenden Ritter, der einen Drachen tötet und eine Prinzessin befreit. »Ritter« – das war für alle Kinder im Mittelalter ein magisches Wort, ein Ideal, von dem sie träumten. Für Francesco scheint diese schillernde Gestalt von großer Faszination gewesen zu sein und sie muss tiefe Sehnsüchte in ihm geweckt haben. Nicht anders ist es zu erklären, dass er als junger Mann wie besessen war von dem Wunsch, ein Ritter zu werden. Noch als armer Vagabund verglich er sich und seine Kameraden mit König Artus und seinen Gefährten, den Rittern der Tafelrunde.

Das Kind Francesco hat also schon mehr im Kopf gehabt als den vom Vater angestoßenen Wunsch, ein guter Kaufmann zu werden. Francesco war ein Träumer. Und er versuchte, seine Träume zu verwirklichen, auch den, ein Ritter zu werden. Wenn man sich vor Augen hält, was er dazu alles unternommen hat, wird man den Eindruck nicht los, dass hinter diesem Traum etwas anderes steckt, eine Art Durst nach etwas Idealem, Großem. Eine unbestimmte Sehnsucht treibt ihn an, die sich an einem Bild, einer Gestalt festmacht, die ihn lockt wie ein fernes Ziel. Dass Menschen eine solche vorwärtstreibende Kraft in sich haben können, ist oft beschrieben worden. Teresa von Ávila, die zweihundert Jahre nach Franziskus lebte, spricht von einem »Lockruf«, von »Durst« oder »Sehnsucht«.[10] Der Dichter Hermann Hesse nennt dieses innere Drängen »Eigensinn« und vergleicht es mit einer Stimme, der man folgen muss, um zu werden, der man werden soll. Für den Philosophen Jean-Paul Sartre ist es ein Gefühl, als würde man von irgendjemandem ersehnt: »Man erwartet dich.«[11]

Wer oder was einen erwartet, weiß man allerdings nicht, zu vage ist dieser Antrieb. Und es kann durchaus sein, dass ein Ziel, das man verfolgt hat, sich als Trug erweist. Man hat sich getäuscht. Das war es noch nicht. Die Suche geht weiter.

Kindheit im Mittelalter war kurz. Spätestens mit vierzehn Jahren galt man als erwachsen und wurde als Erwachsener behandelt. Francesco stand in diesem Alter im Geschäft und bediente die Kunden. Sehr zur Zufriedenheit seines Vaters, wie man annehmen darf. Nicht nur wusste er über die Beschaffenheit aller Tücher und Stoffe bestens Bescheid, er hatte auch eine besondere Art, mit den Leuten umzugehen. Alle Zeugnisse stimmen darin überein, dass Francesco eine Frohnatur war, und das machte sich bestimmt auch im Geschäft bezahlt. Ließen sich die Kunden nicht gern von jemandem beraten, der immer gut aufgelegt war und seine Späße machte?

Dem Vater, der eher ernst und sachlich war, konnte das nur recht sein. Weniger recht war es ihm, dass der Sohn auch nach der Arbeit so ruhelos war. Er konnte nicht ruhig am Familientisch sitzen, so ungeduldig war er, sich mit seinen Freunden zu treffen, die schon auf ihn warteten. Und wenn er dann spät nach Hause kam, schliefen alle schon. Solange Franz am nächsten Tag an seinem Arbeitsplatz war, sagte der Vater nichts. Insgeheim war er wohl auch ein wenig stolz auf seinen Sohn, der das Leben so genießen konnte.

Francesco hatte einen jüngeren Bruder. Angelo hieß er. In den Quellen wird er nur wenige Male und nur am Rande erwähnt. Offenbar war er ein unscheinbarer Junge, zurückhaltend, gehorsam und bei Weitem nicht so temperamentvoll und lebenslustig wie sein beliebter Bruder. Francesco war als der ältere Sohn zum Erben bestimmt, aber abgesehen davon war er auch der Liebling des Vaters. Angelo muss darunter gelitten haben, dass der Vater den Bruder bevorzugte, obwohl er, Angelo, nicht das Geld zum Fenster hinauswarf, sondern sparsam lebte, alles tat, was der Vater verlangte, und fleißig im Geschäft mitarbeitete.

Ich stelle mir Franziskus in diesen Jahren als einen jungen Mann vor, der immer leicht überdreht war, als wäre ihm das Normale, Alltägliche nicht genug. In diesem Sinne ist es vielleicht auch zu verstehen, wenn seine Mitbrüder später meinten, er habe »vielfach das Maß« überschritten.[12] Auch wenn er nun schon erwachsen war, hatte er immer noch etwas Kindliches an sich. Wie ein Kind konnte er sich freuen. Unschuldig und naiv wie ein Kind hielt er an seinen verrückten Ideen fest. Wenn er sich etwas in den Kopf gesetzt hatte, verfolgte er es hartnäckig, auch wenn er sich damit lächerlich machte. Er kommt mir vor wie der Junge auf dem Platz vor der Basilica di Santa Chiara, der nicht aufhört, die Taube fangen zu wollen, auch wenn sie ihm noch so oft davonfliegt.

II.

Die Kraft der Ideale

Von der Kirche Santa Chiara ist es nur eine kurze Strecke auf dem Corso Mazzini zur Piazza del Comune, dem Mittelpunkt der Altstadt. Nirgendwo in Assisi ist die Vergangenheit so gegenwärtig wie auf diesem Platz. Bei einem Espresso und dem dazugehörigen Glas Wasser sitzt man gegenüber einem römischen Tempel mit seinen Säulen und der Vorhalle. Der Tempel stammt aus dem ersten vorchristlichen Jahrhundert und war der Göttin Minerva geweiht. Später wurde daraus eine christliche Kirche und statt Minerva wird nun die Gottesmutter Maria darin verehrt. Entsprechend heißt die Kirche heute Santa Maria sopra Minerva, also *auf* Minerva. So wie diese Kirche sind viele Gebäude in Assisi auf den Resten vorchristlicher Siedlungen erbaut. Auch in jenem Assisi, in dem Franziskus lebte, waren vorchristliche Traditionen und Bräuche noch sehr lebendig. Im heutigen Assisi will man dieses Lebensgefühl wieder aufleben lassen.

Jedes Jahr Anfang Mai findet das Calendimaggio statt, ein Fest, das an heidnische Bräuche zum Frühlingsbeginn erinnern soll. Über mehrere Tage hinweg ist die Stadt in einem Ausnahmezustand. Gruppen in mittelalterlichen

Gewändern ziehen durch die Gassen. Auf dem Hauptplatz treten verschiedene Parteien gegeneinander an, indem sie Szenen aus dem mittelalterlichen Leben aufführen, Musik auf alten Instrumenten spielen oder sportliche Wettkämpfe mit der Armbrust austragen. Dieses Fest ist natürlich ein Spektakel für die Touristen, aber man legt großen Wert darauf, dass alles historisch verbürgt ist.

Zu Francescos Zeiten müssen diese Feste viel wilder gewesen sein. In dieser Stadt mit ihren vielen Kirchen und Klöstern wurden zu diesen Gelegenheiten alle Tabus und moralischen Vorschriften über den Haufen geworfen. Tagelang wurde getanzt, gesungen, gefressen und gesoffen. Auf dem Hauptplatz fanden wahre Orgien statt, bei denen halb nackte, blumengeschmückte Frauen ausgestellt und an den Meistbietenden verkauft wurden. Die Bewohner Assisis trieben es so toll, dass Papst Innozenz III. einschreiten musste und diese unchristlichen Ausschweifungen verbot.

Kaum anzunehmen, dass Franz von diesem wilden Treiben nichts mitbekommen hat. Es spielte sich ja sozusagen vor seiner Haustür ab. Und der lebenslustige Francesco hat sich dieses Vergnügen sicher nicht entgehen lassen. Mehr noch, man darf annehmen, dass er und seine Freunde diese ausgelassenen Feiern auch an anderen Tagen fortgeführt haben. Bei ihren Treffen gab es Essen und Trinken in Hülle und Fülle. Es wurde getanzt und gesungen, und wenn dann alle zu später Stunde vom vielen

Wein betrunken waren, zogen sie lauthals singend und lachend durch die Gassen und rissen die anständigen Bürger aus ihrem Schlaf.

Die Rechnung für diese Gelage zu bezahlen, war Francesco immer bereit. Nicht verwunderlich, dass er so viele Freunde hatte. Erstaunlich ist dagegen, dass sein Vater ihm diese Freiheiten erlaubte. Für sich mag er sich manchmal geärgert haben, dass sein Sohn so viel Geld verschwendete. Andererseits kam es wieder dem Geschäft zugute, wenn der Sohn bei allen so beliebt war und den Leuten zeigte, dass man sich etwas leisten konnte und den adligen Familien in nichts nachstand. Francesco war gewissermaßen das Aushängeschild der Firma Bernardone, auch das modische. Wie ein Model war er nach der neuesten Mode gekleidet und entwarf sogar eine eigene Kreation. Er ließ sich eine Kleidung schneidern, bei der sündhaft teure Stoffe mit ganz billigen, schäbigen kombiniert waren.[13] Das war todschick!

Francescos Auftreten war auch Ausdruck eines neuen bürgerlichen Selbstbewusstseins. Der wirtschaftliche Aufschwung von Städten wie Assisi, Mailand und Florenz war Männern wie Pietro Bernardone zu verdanken, die mit ihrem unternehmerischen Ehrgeiz den Fortschritt verkörperten. Auch politisch wollte man sich nicht mehr einschränken lassen. Darum blickte man im Zorn hoch zu der Festung, die über der Stadt thronte. Dort saß der Herzog von Spoleto, dessen deutschen Namen man gar nicht aussprechen konnte und wollte: Konrad von Urslingen. Der deutsche Kaiser Heinrich VI. hatte seine Macht bis Sizilien ausgedehnt und den unterworfenen Städten hohe Abgaben auferlegt. Sein Statthalter in dieser Region war Konrad, der von seiner Burg aus mit harter Hand die Interessen seines Kaisers durchsetzte.

Doch der Wind hatte sich gedreht. Heinrich VI. war 1197 gestorben. Das Machtvakuum nutzte der neue Papst Innozenz III., um die italienischen Städte zurückzugewinnen. Konrad von Urslingen stand nun auf verlorenem Posten. Der Papst beorderte ihn nach Narni, wo über sein zukünftiges Schicksal entschieden werden sollte. Die Bewohner Assisis sahen nun die Gelegenheit gekommen, den verhassten Deutschen endlich loszuwerden. Kaum hatte Konrad seine Residenz verlassen, erstürmten sie die Burg. Und um zu verhindern, dass nach dem »Tedesco« päpstliche Beamte einzogen und ein Unterdrücker den anderen ablöste, zerstörten sie die Festung.

Es muss ein wahres Fest gewesen sein. Jeder, der eine Hacke oder einen Hammer hatte, half mit, die Mauern einzureißen. Ob der siebzehnjährige Francesco bei dieser Aktion »der Wildeste« von allen war, wie es ein Autor behauptet[14], sei dahingestellt. Mit Begeisterung dabei war er auf jeden Fall. Immer noch war er wie besessen von der fixen Idee, eines Tages ein Ritter zu werden. Und eine Burg zu erstürmen, war eine Heldentat, wie sie auch von Rittern erzählt wurde. Um sicherzugehen, dass die Festung nicht bald wieder aufgebaut werden konnte, schleppten die Leute die schweren Steine hinab in die Stadt und verwendeten sie dazu, einen Mauerring um die Stadt zu errichten. Offenbar hielten sie es für geraten, nach der dreisten Erstürmung der Burg sich besser gegen mögliche Angriffe zu schützen. Reste dieser Mauer sind heute noch zu sehen.

Die Zerstörung der Burg hatte den Freiheitsdrang der Bürger von Assisi erst richtig angefacht. Berauscht von der eigenen Stärke richtete sich ihr Zorn nun gegen die Adligen. Deren stolze Häuser in und außerhalb der Stadt wurden belagert. Manche der vornehmen Herren ergaben sich den Aufständischen, andere verbarrikadierten sich mit ihren Familien in ihren Schlössern. Diese wurden vom wütenden Mob angezündet und die Besitzer getötet. Die meisten Adelsfamilien konnten rechtzeitig nach Perugia flüchten. Die Nachbarstadt war seit jeher die Rivalin Assisis und die Feindschaft wurde jetzt noch größer. Perugia stellte die geflohenen Familien unter ihren Schutz und forderte von Assisi, deren Eigentum zurückzugeben oder sie zu entschädigen. Ein Ultimatum wurde gestellt, das die Vertreter der Bürger Assisis empört ablehnten. In den folgenden zwei Jahren kam es immer wieder zu kleinen kriegerischen Auseinandersetzungen zwischen den beiden Städten, zu Überfällen und harmlosen Scharmützeln. Die Entscheidung sollte eine große Schlacht bringen. Beide Städte rüsteten auf.

An einem Tag im November 1202 läuteten alle Glocken in Assisi. Unter dem Jubel der Bewohner machte sich das kleine Heer bereit zum Aufbruch. Vorneweg marschierte das Fußvolk, bewaffnet mit Lanzen, Schilden, Schwertern und Armbrüsten. Dahinter kam die Reiterei, die hauptsächlich aus Edelleuten bestand, die nicht geflüchtet waren und Assisi die Treue hielten. Unter ihnen war Francesco, der Sohn des reichen Tuchhändlers. Sein Vater hatte es sich nicht nehmen lassen, seinen Sohn mit allem auszustatten, was ein vornehmer Kriegsmann brauchte. Francesco muss sehr glücklich gewesen sein. Endlich musste er nicht mehr nur davon träumen, ein Ritter zu sein, jetzt war er einer oder sah zumindest so aus. Und er zog in den Kampf.

In der Ebene zwischen den beiden Städten, am Fluss Tiber bei Collestrada, trafen die beiden Heere aufeinander. Es wurde ein sehr ungleiches Gefecht. Schon nach kurzer Zeit erwiesen sich die Kämpfer Perugias als überlegen. Das Fußvolk wurde unbarmherzig niedergemetzelt. Das Wasser des Flusses soll sich vom Blut rot gefärbt haben.[15] Nur die Reiter wurden verschont, da man wohl annahm, dass sie aus wohlhabenden Familien waren und man Lösegeld für sie verlangen konnte. Francesco hielt man auch für einen Ritter. Das rettete ihm das Leben, bewahrte ihn aber nicht davor, mit seinen Mitstreitern gefangen genommen und nach Perugia gebracht zu werden. Dort legte man sie in Ketten und warf sie in ein dunkles Verlies.

Für Francesco, den verwöhnten Bürgerssohn, muss es schrecklich gewesen sein, nun in einem finsteren, kalten Kerker zu sitzen. So denkt man es sich jedenfalls. Späteren Berichten zufolge hat er jedoch seinen Frohsinn nicht verloren. Das kam nicht bei allen gut an. Seinen Mitgefangenen ging er mit seiner guten Laune auf die Nerven. Ebenso mit seinem ständigen Gerede davon, dass er einmal ein berühmter Mann werden würde. Kein Wunder, dass sie glaubten, Francesco sei nicht ganz richtig im Kopf. Andererseits beeindruckte es sie, dass es ihm gelang, alle miteinander zu versöhnen, wenn es wieder einmal zum Streit gekommen war oder einer, der unbeliebt war, von den anderen geschnitten wurde.[16]

Nach einem Jahr kamen Francesco und die anderen Gefangenen frei. Assisi hatte mit Perugia einen Friedensvertrag geschlossen. Darin verpflichtete sich Assisi, die vertriebenen Adligen zu entschädigen und deren Vorrechte wieder anzuerkennen. Francesco kehrte nach Hause zurück. Aber er war nicht mehr gesund. Die Monate in dem feuchten Kerker hatten ihn krank gemacht. Er musste lange gepflegt werden, bis er wieder halbwegs auf die Beine kam. Manche Autoren glauben, dass diese Krankheit ihn verändert hat, dass sie bei ihm einen Sinneswandel, ein Umdenken bewirkte. Davon kann aber keine Rede sein. Gerade die Quellen, die am glaubwürdigsten sind, versuchen nicht, zu verhehlen, dass Franziskus der Alte geblieben war. Sein Bedürfnis »aufzufallen«

war ungebrochen.[17] Und als ob er viel nachzuholen hätte, feierte er jetzt noch ausgelassener mit seinen Freunden.

Und was war mit seinen Ritterträumen? Hatte er nach der blutigen Schlacht und nach den Erfahrungen im Gefängnis genug von Krieg und Rittern? Ganz und gar nicht. Immer noch war diese unbestimmte Unruhe in ihm. Mehr denn je träumte er davon, in die Welt hinauszuziehen, Ruhm zu erwerben und als gefeierter Held wieder nach Hause zu kommen. Er hatte auch ein neues Idol. Es hieß Walter von Brienne. Junge Männer in ganz Italien schwärmten von diesem französischen Ritter, der sich aufgemacht hatte, alle noch in Mittel- und Süditalien verbliebenen deutschen Edelleute aus dem Land zu jagen. Obwohl er bei der Belagerung einer Festung durch einen Pfeil ein Auge verloren hatte, ließ sich Walter nicht aufhalten und eilte von Sieg zu Sieg. Und die Meldungen über seine Erfolge über die ungeliebten Deutschen wurden auch in Assisi begeistert aufgenommen.

Als Francesco hörte, dass ein Graf aus Assisi sich den Truppen Walters von Brienne anschließen wollte, war er nicht mehr zu halten. Er wollte unbedingt mit nach Apulien. Wie einen Aufruf und ein großes Versprechen verstand er einen Traum, in dem er in einen Palast voller Waffen geführt wurde, die alle ihm gehören sollten. Francesco fasste dieses Bild ganz konkret auf: Er würde Siege feiern, berühmt werden und große Beute machen. Natürlich brauchte er für sein Abenteuer eine geeignete

Ausrüstung, genauer gesagt, eine Rüstung oder zumindest ein schützendes Gewand. Sein Vater erfüllte ihm auch diesen Wunsch. Das war keine Kleinigkeit. Um so einen passgenauen Schutzpanzer herzustellen, waren Handwerker lange beschäftigt. Und Pietro Bernardone musste dafür ein Vermögen bezahlen. Was dachten wohl die Leute in Assisi über den Kaufmannssohn, der für seine Marotten so viel Geld ausgab?

Es kam der Tag des Aufbruchs. Der Graf, Francesco auf seinem Pferd in glitzernder Rüstung und vielleicht noch andere Begleiter machten sich auf den Weg. Einige Tage später war Francesco zurück, allein, ohne Rüstung. Weiter als nach Spoleto, das vierzig Kilometer von Assisi entfernt liegt, war er nicht gekommen. Was war geschehen? Darüber ist viel spekuliert worden. Vielleicht war ihm klar geworden, worauf er sich da eingelassen hatte. Ohne große Kampferfahrung war er im Begriff, in eine Schlacht zu ziehen? Hat er sich erinnert an den Kampf gegen das Heer Perugias, der so blutig, gnadenlos und brutal gewesen war? Es kann auch sein, dass er, wie im Gefängnis, wieder große Töne gespuckt hat und der Graf diesen unerfahrenen Aufschneider genervt zurückschickte.[18]

Hält man sich an die frühesten Quellen, war ein Traum von entscheidender Bedeutung. Franziskus wurde in Spoleto krank und im Fieber träumte er oder hatte eine Art Vision. Offenbar hat er davon später seinen Gefährten erzählt, die es aufschrieben. Im Halbschlaf hörte er demnach eine Stimme, die ihn fragte, wer ihm »Besseres« geben könne, »der Herr oder der Knecht«. Franziskus antwortete »der Herr«, woraufhin die Stimme ihn fragte, warum er dann dem Knecht folge und nicht dem Herrn.[19]

Francesco wusste nicht, was dieser Traum oder diese Vision zu bedeuten hatte. Aber die Stimme forderte ihn auf umzukehren. Und das tat er. Auf halber Strecke, in Foligno, verkaufte er sein Pferd und seine Ausrüstung und zog normale Kleider an. In Kriegsmontur nach Hause zurückzukehren, wäre doch zu erniedrigend gewesen. Wie der Empfang in Assisi war, darüber gibt es keine Auskunft. Aber es fällt nicht schwer, sich vorzustellen, was los war, als er durch die Gassen zu seinem Elternhaus ging. Der Vater wird getobt haben, die Mutter geweint. Und die Leute lachten über diesen verhinderten Ritter, der wie ein geprügelter Hund zurückkam. Und sicher wird auch das Wort »Feigling« zu hören gewesen sein. Doch irgendwann werden sich die Gemüter beruhigt haben. Der Alltag kehrte ein. Francesco arbeitete wieder im Geschäft und zog nach Feierabend mit seinen Freunden herum, die froh waren, den lustigen und spendierfreudigen Bernardone wiederzuhaben.

Hat sich Franz nun verändert? Äußerlich betrachtet nicht. Für alle, die ihn kannten, war er wie früher. Biografen wie Thomas von Celano behaupten, dass Gott mit dem Traum in Francescos Leben eingegriffen hat und er im christlichen Sinn verwandelt wurde. Gegen einen solchen Eingriff von außen spricht sein bisheriges Leben. Es gibt keinen Beleg dafür, dass er religiös war oder der Kirche besonders nahestand. Seine Eltern legten offenbar keinen Wert darauf, ihn christlich zu erziehen. Die Mutter, vermute ich, wird ihn gedrängt haben, ab und zu in die Kirche zu gehen. Der Vater war mehr daran interessiert, dass der Sohn ein guter Kaufmann wird als ein guter Christ. Und Francesco selbst war an seinem Vergnügen gelegen, und wenn er ein Vorbild hatte, so war das nicht der biblische Jesus, sondern ein Ritter wie Walter von Brienne.

Wenn Francesco sich verändert hat, dann war es, so glaube ich, eine innere Veränderung, die sich in seinem Traum ausdrückt. Es war, als keimte in ihm die Ahnung auf, dass er einem falschen Ideal nachgelaufen ist. Ein Ritter zu werden wie Walter von Brienne, erschien ihm plötzlich reizlos, ja dumm. Der Traum sagt es auf seine Weise: Warum einem Knecht nachlaufen, wenn dir der Herr viel Besseres geben kann? Wer dieser »Herr« sein soll und warum er von ihm »Besseres« erwarten kann, das ist Francesco völlig schleierhaft. Nur so viel scheint klar – er ist einem Irrtum aufgesessen, aber deswegen muss dieser Drang in ihm, diese Unruhe nicht falsch gewesen sein. Doch wohin nun mit dieser Kraft, die in ihm den Wunsch hervorgetrieben hat, ein Ritter zu werden?

Hat Franz nicht doch einen Krieg erlebt? Der Philosoph Friedrich Nietzsche würde die Frage bejahen. Allerdings ist es für ihn ein Krieg »ohne Pulver und Dampf«.[20] »Krieg« nennt es Nietzsche, wenn man sich von Idealen und Vorstellungen verabschiedet, an denen man bisher festgehalten hat. Um ein freier Geist zu werden, ist es demnach notwendig, Überzeugungen als Vorurteile zu entlarven und über Bord zu werfen. Oder wie Nietzsche es ausdrückt, Ideale »erfrieren«: *»Hier zum Beispiel erfriert ›das Genie‹; eine Ecke weiter erfriert ›das Heilige‹: unter einem dicken Eiszapfen erfriert ›der Held‹; am Schluss erfriert ›der Glaube‹ […].«*

Es wäre aber falsch, es bei diesem »Krieg« der Verneinung und des Zweifels zu belassen und sich darin selbstzufrieden einzurichten. Nein zu sagen, ist zu wenig. Bei dieser kritischen Arbeit der Desillusionierung darf nicht zugleich die Energie zerstört werden, die die Illusion erzeugt hat. Diese Energie muss erhalten bleiben und man muss geduldig abwarten, wohin sie einen führt. Wohin wird sie Franz führen?

So wie er sich in den folgenden Tagen benahm, muss er völlig verunsichert gewesen sein. Er machte weiter wie bisher, einfach weil er nicht wusste, was er sonst machen sollte. Er arbeitete im Geschäft und traf sich mit seinen Freunden. Bei einem der nächtlichen Gelage passierte nun etwas Seltsames:[21] Seine Freunde haben ihn zum König der Nacht gewählt und ihm einen Stab in die Hand gedrückt. Das soll eine Ehre sein, allerdings mit dem Hintergedanken, dass der König auch die Rechnung bezahlen muss. Nachdem alle ausgiebig gegessen und getrunken haben, zieht die fröhliche Schar durch die Gassen.

Plötzlich merken die Freunde, dass Francesco ihnen nicht gefolgt ist. Sie gehen zurück, um zu sehen, was mit ihm los ist. Er steht da wie erstarrt. Als wäre er gelähmt. Seine Freunde sind zuerst erschrocken, überspielen aber dann ihren Schrecken mit lustigen Bemerkungen. Einer fragt Francesco, ob er vielleicht an eine Frau gedacht habe, die er heiraten will. Als ob er aus einer Trance erwacht, antwortet Franz lebhaft, dass er tatsächlich an eine Braut gedacht habe, eine, die reicher und schöner sei, als sie es sich vorstellen könnten. Alle lachen erleichtert und ziehen weiter.

Franz fehlen die Worte. Etwas geht in ihm vor, aber er kann es nicht benennen. Er muss wieder auf Begriffe und Bilder aus der Welt der Ritter und Troubadoure zurückgreifen, die, und das spürt er, nicht mehr passen. Er ist von etwas durchdrungen, was sich größer und schöner anfühlt als alles, was er bisher kannte. Aber alles, was ihm einfällt, ist, von einer schönen und reichen Frau zu reden, um deren Gunst Ritter bei ihren Turnieren kämpfen oder die die Troubadoure besingen. Franz fühlt sich wie zweigeteilt. Ein Teil von ihm hängt immer noch im alten Leben fest, und ein anderer ist bereits woanders. Aber wo?

~

Von meiner Unterkunft im Kloster Santa Croce führt ein Weg hinauf zur Burg. Oben angelangt, hat man einen wunderbaren Blick auf die Altstadt und in die weite umbrische Ebene. Nach der Zerstörung der Burg durch die Bürger Assisis wurde die Rocca Maggiore, wie sie genannt wird, erst zweihundert Jahre später wieder aufgebaut. Gegen Eintritt kann man auch das Innere der Festung besuchen. In einem Raum befindet sich eine kleine Ausstellung. Mittelalterliche Gewänder, Waffen und eine Rüstung kann man da bestaunen. Es fällt mir schwer, mir den »heiligen Franziskus« in so einer Rüstung vorzustellen. Weit über sein zwanzigstes Lebensjahr hinaus war er als Zerstörer aufgefallen – als Kriegsmann, als Verschwender und als Erstürmer der Burg. Bald werden wir ihn als Erbauer kennenlernen.

III.

Die große Süßigkeit oder Du musst dein Leben ändern!

Im Jahr 1908 besuchte der Dichter Rainer Maria Rilke das Louvre-Museum in Paris und stand lange vor einer Statue des Gottes Apollo. Die Statue ist ein Torso, das heißt, die Figur ist beschädigt, es fehlen ihr Kopf und Gliedmaßen. Rilke muss der Anblick dieses Torsos sehr berührt haben, denn er hat seine Eindrücke in einem Gedicht verarbeitet. Am Ende dieses Gedichts findet ein Wechsel der Blickrichtung statt. Nicht mehr der Betrachter sieht das Kunstwerk an, sondern er fühlt sich davon angeschaut, als ob es zu ihm sprechen würde, und zwar auf eine radikale Weise. Und so heißt es am Schluss des Gedichts:

»[...] denn da ist keine Stelle, / die dich nicht sieht. Du musst dein Leben ändern.«[22]

»Du musst dein Leben ändern« – das ist ein Satz, den auch Franziskus gesagt haben könnte. Zu sich selbst jedenfalls, denn noch hielt er sich zurück und vertraute sich niemandem an. Wie der Betrachter im Gedicht von Rilke fühlte er sich angeschaut oder, richtiger, angesprochen. Bei ihm war es, anders als bei Rilke, eine Stimme im Traum, als er in Spoleto krank war, die ihm sinngemäß sagte: Francesco, so kann es nicht weitergehen! Du musst umkehren!

Es kommt noch etwas anderes hinzu, etwas Inneres. Seit dem Zwischenfall mit seinen Freunden in den Gassen von Assisi rumort es gewaltig in ihm. Es ist ein Glücksgefühl, das ihn erfüllt. Es ist wunderbar, bringt ihn aber total durcheinander, weil alles, was er bisher geglaubt und gedacht hat, auf den Kopf gestellt wird. Jahre später hat er seinen Gefährten davon erzählt und die haben nach seinem Tod ihre Erinnerungen daran niedergeschrieben. Manche Worte, die er verwendet hat, um sein Erlebnis zu beschreiben, werden sie noch im Gedächtnis gehabt und selbst verwendet haben.

Bei meinen Streifzügen durch Assisi habe ich diese Erinnerungen immer bei mir. Sie stehen in einem kleinen, in grünes Leder gebundenen Büchlein. Eine Sammlung von Berichten und Legenden über Franziskus.[23] Ab und zu setze ich mich auf eine Bank, eine Mauer oder ins Gras und lese darin. Diese Erinnerungen an Franziskus nennt man die *Dreigefährtenlegende,* weil es drei seiner Mitbrüder waren, die sie verfasst haben: Leo, Rufino und Angelo. Sie haben einen unverkennbar eigenen Ton. Ihre Sprache ist einfacher, frischer, echter und nicht so gestelzt und schwülstig wie die in den Biografien von Celano. In den Berichten der drei Freunde werden ausführlich auch jene Ereignisse geschildert, die dazu führten, dass Franz sein Leben änderte.

Auffällig oft wird dabei ein Wort verwendet, nämlich *»dolcezza«*, deutsch »Süßigkeit«. Sein Herz sei, so heißt es, von einer »Süßigkeit« erfüllt worden, sodass er nicht mehr sprechen noch sich bewegen konnte. Oder eine »geheimnisvolle Süßigkeit« habe ihn immer öfter heimgesucht. Celano, der sich in seiner zweiten Lebensbeschreibung auf die Aussagen der drei Gefährten stützt, geht sogar noch weiter und spricht von einer überwältigenden »Süße«, die von Anfang an da war und die, wie er schreibt, »zeitlebens bei keiner Gelegenheit von ihm wich«.[24]

Das sind Hinweise, die ins Zentrum von Franz' Innenleben führen. Dabei wäre es falsch, an »süßlich« zu denken. Franz' Leben ist keine sentimentale Kitschgeschichte, zu der es leider oft gemacht wurde. Hier geht es ums Ganze, um alles oder nichts. Und nicht weniger wird von Franz verlangt, als sein ganzes Fühlen und Denken zu ändern. Die Grundlage ist dabei ein tiefes Glückserlebnis, das er »Süßigkeit« nennt. Was genau »Süßigkeit« bedeutet, zeigt sich für Franz erst, wenn daraus ein Handeln wird.

Aber so weit ist er noch nicht. Sein Erlebnis hütet er wie ein wertvolles Geheimnis. Wenn Leute ihn fragen, ob er vielleicht noch einmal in den Krieg ziehen will, antwortet er vorsichtig oder in Rätseln. Nein, er wolle nicht mehr nach Apulien oder sonst wohin, sondern lieber zu Hause bleiben und da was Großes machen, sagt er dann.[25] Was dieses Große sein soll, darüber schweigt er. Er weiß es ja selbst nicht. Franz hat ein Problem: Sein Zärtlichkeitsanfall nach der nächtlichen Feier mit seinen Freunden war wie ein inneres Erdbeben und hat sich ohne sein Zutun ereignet. Anscheinend kann er dieses Gefühl nicht willkürlich herbeiführen. Trotzdem ist für ihn eines absolut sicher: Er will es unbedingt noch einmal erleben! Aber wie?

Den Leuten in Assisi fällt auf, dass Francesco sich seltsam benimmt. Er ist nicht mehr so oft mit seinen Freunden zusammen und zieht sich gern zurück. Das kennt man von ihm nicht. Auch die Eltern wundern sich. Sie wissen nicht, dass Francesco Experimente macht. Er hat einen Freund, den er gern ins Vertrauen ziehen würde. Einmal nimmt er ihn mit zu einer Grotte außerhalb der Stadt. Er bittet den Freund, vor der Höhle zu warten, während er für Stunden darin verschwindet. Als er wieder herauskommt, ist er verwirrt und redet von einem Schatz, den er finden will. Einsamkeit ist ein Versuch, das Glücksgefühl wieder hervorzurufen. Sie tut ihm gut, aber es fehlt noch etwas.

Ein Hinweis kommt von einer stadtbekannten, alten Bettlerin, die in den Straßen herumlungert. Sie ist furchtbar hässlich und hat einen Buckel. Francesco bekam immer einen großen Schrecken, wenn er ihr früher begegnete, und er hat einen großen Bogen um sie gemacht. Merkwürdigerweise empfindet er, wenn er sie jetzt sieht, eher Mitleid mit ihr, ja sogar zärtliche Gefühle. Das bringt ihn auf eine Idee. Offenbar stellt sich sein Glücksgefühl wieder ein, wenn er etwas sieht oder macht, das ihm früher widerwärtig war und ihn abgestoßen hat. Dazu zählen kranke und hässliche Menschen.

Franz will ein weiteres Experiment machen. Jedoch nicht in Assisi. Das traut er sich offenbar nicht. Da ist er zu bekannt. Er schließt sich einer Gruppe an, die im Frühjahr 1205 eine Pilgerreise nach Rom unternimmt. In der Kirche San Pietro, den Petersdom gab es noch nicht, benimmt er sich zunächst, wie man es von ihm erwartet. An der Stelle, wo der Apostel Petrus begraben liegen soll, wirft er wie alle Pilger Geld durch das Gitterfenster unterhalb des Altars, allerdings nicht nur ein paar Münzen, sondern eine große Handvoll, sodass es nur so scheppert. Das soll er gemacht haben, weil er sich über die geringen Beträge der anderen Pilger ärgerte. Ich glaube aber, dass hier schon ein anderer Franz zum Vorschein kommt. Meines Erachtens ist es eine Geste, mit der er seine Verachtung des Geldes zeigt. Ein anderer Verächter des Geldes, der lange nach ihm lebte, hat einen ähnlichen Umgang mit Geld empfohlen. Jean-Paul Sartre, der Philosoph, meinte, man solle Geld »wegschleudern wie eine Handgranate«[26].

Franz' veränderte Einstellung zu Geld bringt ihn auf eine neue Idee: Vor der Kirche sitzen und liegen jede Menge Bettler. Franz überredet einen von ihnen, mit ihm die Kleider zu tauschen, für eine kurze Zeit, probehalber sozusagen. Der Bettler geht darauf ein, gegen Bezahlung natürlich. Franz zieht sich also die stinkenden Lumpen des Bettlers an und setzt sich auf die Treppenstufen zwischen die anderen Bettler. Die Vorbeigehenden bittet er um eine milde Gabe, auf Französisch, wie in den Quellen vermerkt wird. Das ist eine kleine, aber wichtige Nebenbemerkung, denn immer, wenn es Franz gut geht, spricht oder singt er auf Französisch. Und offenbar geht es ihm gut. So lange jedenfalls, bis er Bedenken bekommt, dass seine Bekannten aus seiner Pilgergruppe ihn sehen könnten. Das will er dann doch nicht riskieren. Er lässt sich vom richtigen Bettler wieder seine Kleider geben und kehrt mit seiner Gruppe zurück nach Assisi.

Auch wenn er nur Bettlersein gespielt hat – das Experiment war geglückt. Franz hatte wieder jenes tiefe Glück empfunden. Nun wusste er auch, dass es sich einstellt, wenn er seine Angst überwindet. Und diese Angst hängt mit Geld zusammen – oder damit, keines zu haben. Bettler haben kein Geld. Und weil sie keines haben, leben sie im Elend, können sich keinen Arzt leisten, werden krank, verlieren ihre Arbeit und Freunde, sind einsam, werden verachtet. Das ist so ziemlich das Gegenteil zu dem Leben, das Franz führte. Darum hatte er Angst davor, kein Geld mehr zu haben und so tief zu fallen.

Eine noch größere Angst als vor Bettlern hatte Franz vor anderen Gestalten. Vor den Toren Assisis lag das »Hospital«, wo die Aussätzigen untergebracht oder, richtiger, isoliert waren. Diese Frauen und Männer galten als unrein, also als ansteckend. Sie mussten eine Klingel oder eine Rassel mit sich tragen, um die Gesunden davor zu warnen, ihnen zu nahe zu kommen. Ihre Krankheit war fürchterlich. Sie begann mit Flecken auf der Haut. Im weiteren Verlauf wurde der ganze Körper übersät mit Geschwüren, Knoten und offenen Wunden. Die Betroffenen verloren ihr Empfinden für Schmerz, Wärme und Kälte. Finger und Zehen verkrüppelten und sahen aus wie zerfressen. In diesem Stadium der Krankheit ging ein bestialischer Gestank von ihnen aus.

War Franz in der Umgebung unterwegs, hielt er sich immer die Nase zu, wenn er auch nur in die Nähe des Hospitals kam. Und wenn es sich zufällig ergab, dass er einem dieser armen Teufel über den Weg lief, war er von dessen Anblick und vom Gestank so angeekelt und entsetzt, dass er schnell das Weite suchte. Franz hat diesen Widerwillen gegen Aussätzige im ersten Satz seines Testaments erwähnt. Die Überwindung seines Ekels muss für ihn daher eine lebensentscheidende Erfahrung gewesen sein. In diesem Testament spricht er auch davon, dass »mir das, was mir bitter vorkam, in Süßigkeit der Seele und des Leibes verwandelt [wurde]«.[27] Wie und wann fand diese Verwandlung statt? War das das entscheidende Experiment?

Franz hat, so nehme ich an, nicht darauf gewartet, dass er wieder einmal zufällig einem Aussätzigen begegnet. Er hat diese Begegnung gesucht. Und dieses Mal flieht er nicht. Er steigt vom Pferd und geht auf den Mann zu. Der Mut, den er hier beweist, ist nicht der Mut eines Ritters, der sich auf seine Feinde stürzt. Es ist der Mut, den man haben muss, um sich seinen Ängsten zu stellen. Und insofern könnte man sagen, dass Franz auf seine Angst zugeht. Der Aussätzige, so stelle ich es mir vor, will zuerst weglaufen, denn dazu ist er verpflichtet. Es muss ihn erschrecken und ängstigen, dass Franz ihm nachsetzt, seine Hand nimmt und ihn umarmt. Nach Celano küsst Franz sogar seine Hände und seinen Mund.[28]

Das Experiment ist geglückt. Es braucht kein weiteres mehr. Franz ist sich jetzt sicher. Das Bittere hat sich für ihn in Süßigkeit verwandelt, so drückt er es aus. Das, was ihn vorher angeekelt, entsetzt, verängstigt hat, stößt ihn nicht mehr ab. Im Gegenteil, er kann es dankbar annehmen, weil er nicht mehr vor der Wirklichkeit flieht. Jetzt weiß er auch, dass »Süßigkeit« nicht nur ein subjektives Gefühl ist, sondern seine Mitmenschen, gerade die ausgeschlossenen, an den Rand gedrängten, mit einschließt und er ihnen jetzt mit einem Gefühl der Zärtlichkeit begegnen kann.

In diesem Sinne hat Adolf Holl »Süßigkeit« übersetzt mit »Zärtlichkeit für die Welt«[29]. Der Befreiungstheologe Leonardo Boff spricht in seinem Buch über Franz von Assisi von einer »zärtlichen Fürsorge« für die Welt.[30] Was beide meinen, ist, dass Franz plötzlich einen direkten, unverstellten Blick auf die Wirklichkeit hat. Und dieser

Blick ist verbunden mit einer zärtlichen Liebe für alles – für die Welt, für die Menschen und für sich selbst. »Wie durch eine Nabelschnur fühlte er sich mit der ihn umgebenden Welt und mit seiner eigenen Innenwelt verbunden«, schreibt Leonardo Boff.[31] Nie war etwas klarer für Franz: Wirklich leben kann er nur durch und von dieser »Süßigkeit«. Alles andere ist Ersatz, Flucht, Täuschung, Ablenkung. Und eines ist ebenso sicher: Um nichts in der Welt will er diese Erfahrung mehr missen.

Es bleibt die Frage, was er jetzt machen soll. Gut, er ist innerlich ein anderer geworden. Aber was ergibt sich daraus für ein Leben? In seinem Testament heißt es, er »hielt eine Weile inne«[32]. Das ist eine sehr harmlose Bezeichnung für eine große Ratlosigkeit. Ich glaube, Francesco wusste wirklich nicht, wie seine Zukunft aussehen soll. Soll er weiter im Geschäft seines Vaters arbeiten? Soll er heiraten und eine Familie gründen? Oder von Assisi wegziehen? Wenn man sein späteres Verhalten betrachtet, deutet nichts darauf hin, dass er daran dachte, ein Priester oder Mönch zu werden. Offenbar drängte es ihn zu einer Lebensform, für die es kein Vorbild gab. Zumindest sah er keines.

Ohne Frage war »Franz«, wie ihn viele Biografen in deutscher Übersetzung seines Vornamens nennen, sehr verzweifelt. Weil er selbst keine Antwort fand, erhoffte er sich einen Rat, einen Hinweis, Hilfe von irgendwoher. In diesem Zustand muss er gewesen sein, als er bei einem seiner einsamen Spaziergänge an der kleinen Feldkapelle San Damiano vorbeikam. Er ging hinein. Ein Kreuz hing über dem Altar oder, genauer, ein auf Holz aufgezogenes Bild des Gekreuzigten. Vielleicht hat sich Franz davor hingekniet. Vielleicht hat er gebetet. Die Quellen berichten nun, dass der gekreuzigte Jesus zu sprechen anfing, und zwar »liebevoll und gütig«. Die Stimme sagte: »Franziskus, siehst du nicht, dass mein Haus ganz verfallen ist? Geh also hin und stelle es wieder her!«[33]

Theologen gehen davon aus, dass Franz diese Worte missverstanden hat und sie eigentlich eine Aufforderung waren, die ganze katholische Kirche, die sich in einem schlimmen Zustand befand, zu reformieren. Damit erwartet man von Francesco Gedanken, auf die er zu diesem Zeitpunkt nie kommen würde. Wie auch sollte der unbekannte Tuchhändlersohn plötzlich zum Retter der weltweiten Kirche werden! Es passt zu ihm, dass er diese Worte ganz konkret auffasst: Er soll die Kirche San Damiano, die nur noch eine Ruine ist, wieder herrichten. Das ist ein einfacher und klarer Auftrag und Francesco ist dankbar für diese handfeste Anweisung. Ohne groß zu überlegen, geht er in den Laden seines Vaters, schnappt sich einen Ballen Tuch, nimmt sich ein Pferd, reitet nach Foligno und verkauft dort die Ware auf dem Markt. Mit dem Geld, das er dafür bekommt, reitet er zurück und will es dem Priester geben, der vor der Kirche San Damiano in der Sonne sitzt.

Hier kommt wieder der »frühere« Francesco Bernardone zum Vorschein, der glaubt, alles mit Geld regeln zu können. Er will dem Priester das Geld geben und der soll sein verfallenes Gotteshaus wieder instand setzen. Der will diese Spende aber nicht annehmen. Er traut der Sache nicht. Er kennt Francesco, aber er kennt auch seinen Vater. Offenbar kann er sich nicht vorstellen, dass der alte Bernardone Geld für eine baufällige Kirche ausgibt. Und mit diesem reichen und einflussreichen Mann möchte er keinen Streit haben. Francesco ist wütend und schleudert die Münzen in eine Fensternische.

Erst jetzt scheint ihm zu dämmern, dass er da etwas getan hat, womit sein Vater nicht einverstanden sein wird. Die Angst vor dem Bettler und dem Aussätzigen hat er überwunden, nicht aber die Angst vor seinem Vater. Nach Hause traut er sich nicht mehr. Er bittet den Priester, bei ihm bleiben zu dürfen, und der erlaubt es. Ob Francesco schon ahnt, dass alles auf eine Entscheidung zuläuft, die sein Leben radikal ändern wird?

~

Das Kreuz von San Damiano hängt heute in einer Seitenkapelle der Basilica di Santa Chiara. Ich sitze auf einem der Stühle, die davor aufgestellt sind, und betrachte es lange. Unter den Armen des Gekreuzigten sind Männer und Frauen abgebildet, die auch in den Evangelien erwähnt werden. Darunter Maria, der Lieblingsjünger Johannes und Maria Magdalena. Auf dem Seitenbalken sind Engel gemalt. Und über Jesus' Kopf ist die Auferstehung dargestellt: Christus, der gen Himmel fährt, einer Gruppe von Heiligen entgegen.

Das Kreuzbild hängt, an Seilen befestigt, frei im Raum. Man kann um es herumgehen. Von der Seite kann ich sehen, dass der Kopf des Gekreuzigten mit dem Heiligenschein aus dem Bild herausragt, sodass er sich nach vorne neigt. Steht man vor dem Kreuz, hat man den Eindruck, als ob Jesus sich einem zuwendet, als ob er einen mit großen Augen und sanftem Blick anschaut. Hat Franziskus auch, wie Rilke im Louvre, die Erfahrung gemacht, dass er vom Betrachter zum Betrachteten, zum Angesprochenen wird: »Da ist keine Stelle, die dich nicht sieht. Du musst dein Leben ändern.«

IV.

Sprung in die Freiheit oder Ein Gefühl von Lebendigsein

Der 22-jährige Christopher McCandless hatte im April 1990 mit besten Noten seinen Abschluss an der Emory University in Atlanta gemacht. Anstatt nun, wie sein Vater es erwartete, eine Karriere zu starten, verschenkte er sein gespartes Geld, immerhin über zwanzigtausend Dollar, an eine Hilfsorganisation. Er verbrannte sein übriges Bargeld, zerschnitt seinen Personalausweis und seine Kreditkarte und brach ins Ungewisse auf. »Chris«, wie ihn seine Freunde nannten, hatte die Bücher von Leo Tolstoi und Henry David Thoreau gelesen und wollte nach ihrem Vorbild ein möglichst einfaches Leben führen, ohne die »Segnungen« des Kapitalismus und die Bequemlichkeiten eines bürgerlichen Lebens, befreit vom Ballast überflüssiger Konsumgüter.

Zwei Jahre lange reiste er durch die USA, zu Fuß oder per Anhalter, jobbte zwischendurch und brach schließlich in die Wildnis Alaskas auf. Er wollte bedürfnislos leben, abseits jeder Zivilisation und im Einklang mit der Natur. Das rostige Wrack eines alten Busses, den er »Magic Bus« nannte, war seine Behausung. Fast ein Jahr lang lebte er völlig allein in der Wildnis, ernährte sich hauptsächlich von Reis und Pflanzen. Im August 1992 fanden Jäger seine Leiche im Bus. Offenbar war er verhungert, geschwächt vom Verzehr giftiger Pflanzen. In einer letzten Botschaft hatte er geschrieben: »Ich hatte ein glückliches Leben und danke Gott. Goodbye und möge Gott euch alle segnen.«[34]

Immer wieder haben gerade junge Leute versucht, aus einer Gesellschaft auszusteigen, die sie als ungerecht, unmenschlich und entfremdet empfanden. Nicht immer endeten diese Versuche so tragisch wie im Fall von Christopher McCandless, dessen Leben der Stoff für Bücher und Filme wurde. Viele dieser Aussteiger gingen nicht in die Wildnis, sondern entwarfen alternative Lebensformen, die sie zusammen mit anderen verwirklichten. Für den Briten Arnold Toynbee, einen der bedeutendsten Geschichtsphilosophen des zwanzigsten Jahrhunderts, sind diese Männer und Frauen prophetische Gestalten, die den Weg in eine bessere Zukunft weisen. Und der Historiker Lynn White bezeichnet sie als »die wahren Revolutionäre«, weil sie eine Gesellschaft infrage stellen, die mit ihrem Glauben an einen stetigen Fortschritt und der rücksichtslosen Ausbeutung der Natur in eine Sackgasse geraten ist. Zum »Schutzpatron« dieser Bewegung ernennt Lynn Franz von Assisi, von dem man seiner Meinung nach eine völlig andere Haltung zum Leben und zur Natur lernen kann.[35]

Taugt Franz zum Vorbild für eine ökologische Neubesinnung? Wird dabei nicht vergessen, dass Franz von Assisi in einer ganz anderen Zeit gelebt hat und wir diese Zeitspanne von achthundert Jahren nicht einfach überspringen können? Oder kann er uns trotz dieser tiefen Kluft, die ihn von uns trennt, tatsächlich heute noch Orientierung geben?

~

Von der Porta Nuova, dem mächtigen Tor in der Stadtmauer, geht ein Fußweg hinunter nach San Damiano. Die Kirche mit dem Kloster liegt inmitten von Olivenhainen. Auf dem Vorplatz treffe ich einen jungen Franziskanermönch und frage ihn mit meinem unbeholfenen Italienisch nach Francescos Versteck. Als er endlich versteht, was ich will, führt er mich in die Sakristei der Kirche und zeigt mir einen kleinen Raum. Hier also soll sich Francesco vor seinem Vater versteckt haben. Gesichert ist das nicht. Es gibt Forscher, die behaupten, dass eine Höhle, eine Grotte oder ein Keller sein Unterschlupf war. Wie auch immer – merkwürdig ist, dass Franz, der den Mut gefunden hat, einen Aussätzigen zu umarmen, sich nun vor seinem Vater verkriecht. Was für eine Heidenangst muss er vor ihm gehabt haben!

~

Nach einigen Tagen in San Damiano erreichte Francesco die Nachricht, dass sein Vater ihn sucht. Pietro Bernardone hatte den Diebstahl der Tuchballen bemerkt und herausgefunden, dass sein Sohn die Ware verkauft hat und das Geld dem Priester von San Damiano schenken wollte. Wenn Francesco für seine Gelage mit den Freunden das Geld mit vollen Händen hinauswarf oder für seine Ritterträume Unsummen verbrauchte, hatte der alte Bernardone nichts dagegen. Aber teure Stoffe aus dem Geschäft zu klauen, sie zu verkaufen und das Geld einem alten Pfaffen zu geben, der damit seine halb verfallene Kapelle wieder herrichten soll, das ging ihm zu weit. Pietro Bernardone hatte sich durchaus als einer der freigiebigsten »Wohltäter der Stadt«[36] hervorgetan. Doch eine so große Spende für eine bedeutungslose Kirchenruine auszugeben, das war wider alle kaufmännische Vernunft. Das war für ihn offenbar hinausgeworfenes Geld.

Bernardone hatte erwartet, dass sein Sohn von selbst wieder reumütig nach Hause kommt. Nachdem der nach einigen Tagen immer noch nicht aufgetaucht war, zog er mit Freunden und Nachbarn los, um nach Francesco zu suchen. Vergeblich. Er war nirgendwo zu finden. Auch nicht in San Damiano, wo der Priester auf die eindringlichen Fragen wohl den Ahnungslosen gespielt hat. Währenddessen saß Francesco in seinem Versteck. Vier Wochen lang harrte er dort aus. Das ist eine lange Zeit. Celano berichtet, dass Franziskus es nicht einmal wagte, sein Schlupfloch zu verlassen, um seine Notdurft draußen zu verrichten, so groß war seine Angst, entdeckt zu werden.[37] Wer ihn mit Essen versorgt hat, ist unbekannt. Vielleicht war es seine Mutter, die hinter dem Rücken ihres Mannes ihre verschwiegenen Helfer mit Nahrung zu ihm schickte.

Francesco in seinem Versteck hatte viel Zeit zum Überlegen. Was in seinem Kopf vorging, weiß man natürlich nicht. Aber wenn man bedenkt, wie er sich später verhalten hat, kann man Rückschlüsse ziehen auf seine Überlegungen. Was sollte er tun? Er hatte mehrere Möglichkeiten. Er könnte nach Hause gehen und sich bei seinem Vater entschuldigen. Dann müsste er ein Donnerwetter über sich ergehen lassen. Aber irgendwann wäre sein Ausrutscher vergessen und alles würde weitergehen wie früher. Er könnte auch abhauen, in eine andere Stadt, und warten, bis Gras über die Sache gewachsen ist. Doch das war keine Lösung. Es würde bedeuten, dass Franz in sein altes Leben zurückkehrt, und das war, so viel stand für ihn fest, ausgeschlossen.

Nach seinem Süßigkeitsanfall, nach seinen Erfahrungen als Bettler und dem Erlebnis mit dem Aussätzigen blickt Francesco mit anderen Augen auf sein früheres Leben. An alles, was ihn damals glücklich, stolz und frei gemacht hat, denkt er zurück mit »Bitterkeit«. Das alles erscheint ihm jetzt sinnlos, ja geradezu verachtenswert. Warum? Er war nicht frei gewesen, das weiß er jetzt. Er hat sich in eine

Falle locken lassen. Und das Lockmittel war Geld. Mit dem Geld des Vaters konnte er sich ein schönes Leben machen. Er hatte immer Freunde um sich und durfte sogar versuchen, sich seine Ritterträume zu erfüllen.

Aber mit diesem Geld hat er auch die Werte des Vaters übernommen, die Werte des Kaufmanns, die Werte des Bürgers Pietro Bernardone. Er hat gelernt, die Leute danach zu taxieren, ob sie als Kunden infrage kommen, ob sie sich etwas leisten können. Und in seiner Familie und im Geschäft ist ihm tagtäglich beigebracht worden, worauf es im Leben ankommt – auf Erfolg, Ansehen, Durchsetzungsvermögen, Einfluss und Macht. Du bist, was du hast – das war das oberste Gesetz, das über seinem Leben gestanden hat.

Was er nicht gesehen hat, war, dass diese Art zu leben Konsequenzen hat für ihn und vor allem für andere. Wer die bürgerlichen Werte nicht erfüllen konnte, weil er arm oder krank war, auf den schaute er hinab, mit dem wollte er nichts zu tun haben, den verachtete er oder er empfand Ekel und Abscheu. Was er noch weniger gesehen hat, war, dass er sich selbst ausgrenzte, indem er andere ins Abseits drängte. Letztendlich lebte er in einer künstlichen Welt, in der es nur darum ging, Besitz zu sichern und sich vor unangenehmen Erfahrungen und Begegnungen zu schützen.

Franz von Assisi war ein Mensch des Mittelalters, von dem uns heute ein Graben von über achthundert Jahren trennt. Doch sein Wunsch, aus einem Leben, das von Geld und Ansehen bestimmt ist, auszubrechen, ist ein Bedürfnis, das bis in neuere Zeiten zu beobachten ist. Ludwig Wittgenstein, der geniale Philosoph und Sohn einer steinreichen Industriellenfamilie, verzichtete auf sein millionenschweres Erbe, um Dorfschullehrer zu werden. Der andere Franz, Franz Kafka, unternahm kurz vor Ausbruch des Ersten Weltkriegs einen neuerlichen Versuch, einem Leben zu entkommen, das er für sinnlos hielt.

Ihm lag daran, seinen Eltern begreiflich zu machen, was *er* wollte. Im Büro, wo er angestellt war, verdiene er, so schrieb er ihnen, »mehr, als ich brauche. Wozu? Für wen? Ich werde auf der Gehaltsleiter weitersteigen. Zu welchem Zweck? Ist mir diese Arbeit nicht entsprechend und bringt sie mir nicht einmal Selbstständigkeit und Selbstachtung als Lohn, warum werfe ich sie nicht weg?« Was Franz will, ist, ein »selbstständiger ruhiger Mensch« zu werden. Was er vermisst, ist ein »Gefühl wirklichen Lebendigseins«.[38]

Nach vier Wochen verlässt Francesco sein Versteck. Er ist nicht mehr derselbe, als er den Weg hinauf zur Stadt geht. Was hat er vor? Seit er verschwunden ist, kursieren in Assisi Geschichten über den Kaufmannssohn, der seinen Vater bestohlen hat und sich jetzt irgendwo verkriecht. Was anderes soll man daraus folgern, als dass er seinen Verstand verloren hat? Sein Anblick scheint diesen Verdacht zu bestätigen. Seine Kleider sind verdreckt, er stinkt, ihm ist ein schütterer Bart gewachsen und seine Haare stehen ihm wirr ab. Die Kinder, die ihn sehen, sagen es als Erste, was alle denken. *»Pazzo! Pazzo!«*, rufen sie und bewerfen ihn mit Steinen und Dreck: »Narr! Narr!«[39] Das Geschrei lockt immer mehr Leute an. Bald ist er auf seinem Weg durch die Gassen von einer Traube Menschen umringt. Die meisten sind neugierig, wie wohl sein Vater auf die Heimkehr dieses verlorenen Sohnes reagieren wird.

Pietro Bernardone ist in seinem Laden, als er von draußen den Lärm hört. Er hat gleich ein ungutes Gefühl. Und als er vor die Tür tritt und sieht, was der Grund für die ganze Aufregung ist, steigt ein gewaltiger Zorn in ihm hoch. Als Francesco nach seinem missglückten Ausflug als Ritter ohne Rüstung nach Hause kam, war das schon peinlich genug und schädlich für den Ruf der Familie. Doch so, wie er jetzt daherkommt, abgerissen, dreckig, verwahrlost, macht er sich lächerlich und bringt Schande über seine Eltern. Bernardone eilt wutentbrannt auf die Menge zu, stößt die Leute beiseite und stürzt sich auf den Sohn wie, so heißt es in einem späteren Bericht, »ein wildes Tier«[40]. Er packt ihn am Kragen und schleppt ihn, während er ihm Schläge versetzt, nach Hause. Dort sperrt er ihn in eine dunkle Kammer.

Beruhigen kann sich der Vater nicht. Immer wieder geht er in die Kammer zu Francesco und redet oder schreit auf ihn ein. Er will wissen, was mit ihm los ist, und ihn wieder zur Vernunft bringen. Aus den Berichten erfährt man nicht, ob Franz etwas gesagt hat. Vermutlich hat er geschwiegen oder auf die Fragen seines Vaters, ob er sein Vergehen bereue und nun wieder im Geschäft arbeiten werde, mit einem entschiedenen »Nein!« geantwortet. In den Augen seines Vaters ist er undankbar, trotzig, unbelehrbar. Und schnell ist der mit seiner Geduld am Ende und schlägt auf diesen starrköpfigen Sohn ein, als wolle er die Unvernunft aus ihm herausprügeln.

Nach einigen Tagen muss Pietro Bernardone sich wieder um seine Geschäfte kümmern. Nun ist die Mutter mit Francesco allein im Haus. Was Pica für eine Frau war, lässt sich nicht sagen. Es ranken sich viele Legenden um sie, die mit der wirklichen Person wohl wenig zu tun haben. Zuverlässig überliefert ist aber nur diese eine Szene, die allerdings viel über sie sagt. Pica hatte Angst vor ihrem Mann. Gleichzeitig hatte sie Muttergefühle gegenüber ihrem Francesco. Er tat ihr leid und sie konnte es nicht ertragen, dass ihr Ehemann ihn weiter so brutal misshandelte. Obwohl sie wissen musste, was ihr blüht, wenn ihr Mann zurückkommt, sperrte sie die Tür der Kammer auf und ließ den Sohn entkommen.

War das die letzte Begegnung von Franz mit seiner Mutter? Jedenfalls kommt sie in den wenigen Schriften von ihm und in den Berichten über ihn nicht mehr vor. Der Bruch mit dem Vater war auch ein Bruch mit der Mutter. Franz machte hier keinen Unterschied, auch wenn die Mutter sicher oft die Ausgleichende gewesen war, die ihn im Geheimen schützte vor der Strenge des Vaters. Franz wusste offenbar, dass sich die Mutter im Ernstfall immer auf die Seite ihres Mannes stellen würde. Das ist eine Mutterrolle, deren Zwiespältigkeit auch Franz Kafka erkannt und bedauert hat. Er warf seiner Mutter vor, durch ihre Güte und ihr Verständnis verhindert zu haben, dass er sich von seinem Vater befreien und selbstständiger werden konnte. Sie habe, so schreibt er in dem berühmten *Brief an den Vater*, unbewusst die Rolle eines »Treibers in der Jagd« gespielt.[41] Auch Liebe, Zuneigung und Verständnis können also »Krallen« sein, die einen in alten Abhängigkeiten festhalten.

Francesco ist zum alten Pfarrer von San Damiano geflüchtet. Warum ist er nicht gleich hiergeblieben, anstatt nach Hause zu gehen und sich schlagen und einsperren zu lassen? In seinem Versteck scheint ihm klar geworden zu sein, dass er die Angst vor seinem Vater nur besiegen kann, wenn er nicht vor ihm wegläuft, sondern sich ihm stellt. Wie schon beim Aussätzigen war der Gang zum Vater eine notwendige Konfrontation mit seiner Angst. Ihm musste er gegenübertreten und ihm musste er zeigen, dass er ein anderer geworden ist und sie beide nichts mehr verbindet. Wenn Francesco jedoch gedacht hat, dass sein Vater ihn nun verloren gibt, hat er sich getäuscht. Pietro Bernardone hat ihn bisher noch als seinen Sohn behandelt, wenn auch als missratenen, undankbaren Sohn. Jetzt behandelt er ihn wie einen Verbrecher.

Pietro Bernardone wandte sich an die Konsuln der Stadt, die für Rechtsprechung und Gericht zuständig waren, und zeigte seinen Sohn wegen Diebstahls an. Da seine Klage berechtigt war, sandten die Konsuln einen Boten nach San Damiano, um Franz vorzuladen. Doch der weigerte sich, vor den Konsuln zu erscheinen, und behauptete, nun unter dem Schutz der Kirche zu stehen. Da die hohen Herren diesen Einwand gelten ließen, musste sich Pietro Bernardone wohl oder übel an den obersten Geistlichen der Stadt wenden, an den Bischof Guido. Der Bischof wurde nun als Vermittler tätig. Er bestellte beide Parteien zu sich. Und so fand die Verhandlung am 10. April 1206 vor dem Bischofspalast statt.

Natürlich hatte sich diese Nachricht in Assisi schnell herumgesprochen. Und niemand wollte es sich entgehen lassen, mitzuerleben, wie der alte Bernardone und sein verrückter Sohn aufeinandertreffen. Wie dieses Treffen abgelaufen ist, darüber gibt es verschiedene Berichte. Ich stelle es mir so vor, dass der Bischof auf einem kostbaren Sessel sitzt, vor ihm Francesco und sein Vater und dahinter eine neugierige Menschenmenge. Für den Bischof Guido ist der Fall eine heikle Sache. Denn Francesco hat gegen das vierte Gebot verstoßen, nach welchem man Vater und Mutter ehren muss. Als Geistlicher müsste er mit dem Sohn hart ins Gericht gehen. Aber das tut er nicht. Den Quellen zufolge erwähnt er das vierte Gebot nicht einmal. Stattdessen fordert er Francesco auf, das gestohlene Geld an den Vater zurückzugeben. Damit, so meint er, sei die Sache erledigt und der wütende Vater wäre zufriedengestellt und besänftigt.

Der Bischof täuscht sich in mehrfacher Hinsicht. Pietro Bernardone ist immer noch furchtbar wütend und am liebsten würde er sich auf seinen Sohn stürzen und ihn schlagen. Auf dem Bild in der Franziskus-Basilika in Assisi, wo diese Szene dargestellt ist, hält ein Mann, der hinter dem Vater steht, dessen Hand, die zum Schlag ausholt. Bernardone ist alles andere als zufrieden. Zufrieden wäre er erst, wenn er Francesco enterben, ihn vernichten könnte.

Für Franz ist es kein Problem, dem Vater das Geld zurückzugeben. Und auf das Erbe verzichtet er gern. Ihm geht es um etwas mehr. Geld ist ein Symbol für all die Stricke, die ihn an das falsche Leben fesselten, und er will all diese Stricke loswerden. In der *Dreigefährtenlegende* wird berichtet, dass Franziskus nun eine feierliche Erklärung abgab, wonach Pietro Bernardone nicht mehr sein Vater sei, sondern er einen Vater »im Himmel« habe.[42] Was einen an jenen Worten zweifeln lässt, ist der pathetische Ton dieser Verkündigung, der nicht zu Franz passt. Er ist kein Mann des Wortes. Wenn er etwas zu sagen hat, dann tut er das durch Handlungen und Gesten. Und was er jetzt tut, ist eine sehr starke Geste: Er beginnt sich auszuziehen, bis er nackt dasteht. Seine Kleider und das Geld übergibt er dem Vater, der gekränkt und grollend abzieht.

Franziskus so splitternackt dastehen zu sehen, muss für die Menschen ein gewaltiger Schock gewesen sein. Nicht weil sie moralisch entrüstet waren, sondern weil die Botschaft dieses Aktes so körperlich eindringlich war. Franz ist nackt wie ein kleines Kind. Als ob er neu geboren werden würde. Buchstäblich kein Faden mehr verbindet ihn mit seinem alten Leben. Indem er mit seinem Vater bricht, bricht er mit der Welt der Bürger, mit ihren Werten wie Geld, Besitz, Erfolg, Macht, Gewalt. Noch ist völlig offen, wie sein neues Leben aussehen wird. Doch eines ist sicher – es wird ein Weg des freiwilligen sozialen Abstiegs sein.

Ob der Bischof Guido rasch den nackten Franz mit seinem Mantel umhüllte und damit sagen wollte, dass Franz nun von der Kirche aufgenommen wird, mag man glauben oder nicht. Vielleicht wollte er ihn nur vor den Blicken der Menge schützen. Etwas von seinen Kleidern hat er ihm jedenfalls nicht gegeben. Nur den schäbigen Kittel seines Gärtners soll er auf die Schnelle für ihn aufgetrieben haben. Mehr konnte oder wollte er für ihn nicht tun.

Der Bischof kehrt in seinen Palast zurück. Der Vater ist wieder in seinem Geschäft. Die Leute zerstreuen sich. Franz steht allein da. Was soll er jetzt machen? Er geht einfach drauflos. Er ist frei. Das ist aber alles andere als romantisch. Franz hat keine Eltern mehr, kein Heim, kein

Bett, kein Geld, keinen Beruf, keinen Plan. Noch dazu ist es in diesen Apriltagen in Umbrien kalt. Franz friert in seinem dünnen Kittel, ohne Schuhe und Strümpfe. Er verlässt Assisi und geht hinaus in die kalte Welt. Und was macht er? Er beginnt zu singen, auf Französisch! Und wie gesagt, wenn Franz seine französischen Chansons singt, geht es ihm gut. Nie hat er sich freier gefühlt. Er ist geradezu berauscht vor Glück. Ihm ist, als ob er bisher etwas in sich eingesperrt hätte, das nun frei wird, als ob er bis jetzt eine Rüstung getragen hätte, die er endlich ablegen kann.

Sorgen darüber, wie es mit ihm weitergeht, macht er sich keine. Angst hat er nicht. Schon gar nicht vor den Männern, die im Wald plötzlich vor ihm stehen. Es sind Räuber. Als sie ihn fragen, wer er sei, antwortet Franz hochmütig und frech: »Der Herold des großen Königs bin ich! Was geht das euch an?«[43] Die Räuber sehen auf den ersten Blick, dass von diesem komischen Vogel nichts zu holen ist. Aber veräppeln lassen wollen sie sich auch nicht. Sie packen Franz, verprügeln ihn und werfen ihn zuletzt in eine Grube, die voller Schnee ist. Franz wartet, bis die Männer wieder weg sind, und krabbelt dann aus dem Graben.

Von den Schlägen tut ihm alles weh. Er friert und vom Schnee ist er jetzt auch noch durchnässt. Seiner guten Laune kann das nichts anhaben. Aber er möchte nicht erfrieren oder verhungern, bevor er ein neues Leben beginnt. Er kommt an ein Kloster bei Gubbio und bittet an der Pforte um Aufnahme. Doch dieses armseligen Obdachlosen erbarmt man sich nur ungern. Man schickt ihn in die Küche, wo er helfen soll. Dafür bekommt er eine dünne Suppe. Nach einigen Tagen hat er genug. Eine Küchenhilfe zu sein, ist nicht das, was er sich erträumt hat. Ein Mönch in einem Kloster zu werden, eigentlich auch nicht.

Er zieht weiter. Ihm fällt ein, dass im nahen Ort Gubbio ein Freund aus alten Tagen wohnt. Er findet sein Haus und wird herzlich aufgenommen. Der Freund hat Mitleid und will ihm gerne helfen. Doch alles, was Franz sich erbittet, ist ein einfaches Gewand und Schuhe. Nur wenige Tage will er bleiben und dann weiterziehen. Aber wohin? Nach Florenz oder Bologna? Oder noch weiter Richtung Norden? Eine vage Idee treibt ihn an, sich so weit wie möglich von seinem alten Leben zu entfernen. Doch das ist keine Frage von Kilometern. Es ist eine Frage der inneren Einstellung und mit der kann er überall leben, auch in seiner Heimat. Franz erinnert sich an die Worte, die er in San Damiano gehört hat. Er soll diese Kirche wieder aufbauen. Warum nicht? Warum nicht damit anfangen! Das ist eine schöne, schlichte Aufgabe. Vor allem kann er so ein einfaches Leben führen, das dem, wie er es sich ersehnt, nahe kommt.

Der Priester von San Damiano wird nicht wenig erstaunt gewesen sein, als Franz wieder vor ihm stand. Und ein wenig ungläubig mag er geschaut haben, als Franz erklärte, dass er nun die Kirche wieder herrichten will – ohne Geld, mit den eigenen Händen.

Als Franz auf dem Platz vor dem Bischofssitz vor aller Augen nackt stand, drückte er damit als lebendiges Bild etwas aus, was zu allen Zeiten Männer und Frauen beschrieben haben, die man Mystiker nennt. Nackt werden oder nackt sein bedeutet in dieser Tradition, auf ein Wissen und einen Besitz zu verzichten, die abhängig machen, statt zu befreien. Damit wird nicht Besitz grundsätzlich verteufelt. Es wird nur gewarnt davor, dass unser Verhältnis zu den Dingen, die wir tagtäglich verwenden, schnell umkippen kann, und sie zu einer Last werden, die wir verteidigen und sichern müssen. Wo wir glauben, Dinge zu besitzen, sind wir dann längst zu Sklaven unseres Eigentums geworden. Als Franz später einmal gefragt wurde, warum er ein so einfaches Leben führt, antwortete er: »Herr, wollten wir etwas besitzen, so müssten wir auch Waffen zu unserer Verteidigung haben. Daher kommen die Streitereien und Kämpfe, die so mannigfach die Liebe Gottes und der Mitmenschen hindern. Darum wollen wir nichts Zeitliches in der Welt besitzen.«[44]

Meister Eckhart, ein Mystiker, der eine Generation nach Franz von Assisi lebte, wies in seinen Schriften darauf hin, dass sich mit einer bestimmten Besitzhaltung auch unser Verhalten zu anderen Menschen verändert.

So wie wir Dinge besitzen wollen, wollen wir dann auch über andere herrschen und sie für unsere Zwecke einspannen. Anstatt vom Nacktwerden spricht Eckhart vom »Nichts«, das wir anstreben sollen, und er schreibt dazu: »Ich möchte lieber in diesem Nirgendwo sein und um dieses dunkle Nichts ringen als ein großer Herr sein, der überall herumreisen kann, um die Welt als sein Eigentum zu genießen.«[45]

Johannes vom Kreuz, ein Mystiker aus dem sechzehnten Jahrhundert, nahm diese Gedanken wieder auf und empfahl in einem seiner Gedichte, dorthin zu gehen, »wo du nichts bist«.[46]

Franz geht dorthin, wo er nichts ist, nach San Damiano. Hier, vor den Toren seiner Heimatstadt, wo er noch vor Kurzem der Sohn des reichen Tuchhändlers war, wird sein krasser Abstieg noch deutlicher. Er hatte keine Familie mehr, kein Ansehen, kein Geld, keine Heimat, kein Haus, keine Macht, keine Sicherheit. Dem Priester von San Damiano kann er kein Geld geben, damit der seine Kirche wieder aufbaut. Er kann auch keine Arbeiter beauftragen, diese Aufgabe für ihn zu übernehmen. Er muss die Sache selbst anpacken.

V.

Wilde Waldmenschen

Vom Zentrum Assisis bis nach San Damiano geht man ungefähr eine halbe Stunde. Es ist ein kurzer Weg. Ich kann mir vorstellen, dass er sehr lang werden kann, wenn man einen Stein auf der Schulter trägt. Franz ging diesen Weg oft mit einem Stein auf der Schulter. Er muss ein erstaunlicher Anblick gewesen sein, wenn man bedenkt, wie klein und schmächtig er war und dass alle ihn nur kannten als verwöhnten Kaufmannssohn, der sich die Hände nicht dreckig gemacht hat. Mal war es ein großer, mal ein kleinerer Stein, den er schleppte. Je nachdem, was ihm die Leute gaben. Bezahlen konnte er nicht, nur versprechen, dass jeder, der ihm einen Stein schenkt, einen Lohn erhält. Welcher Lohn das sein soll, sagte er nicht.

Die Leute glaubten ihm sowieso nicht. Sie hielten ihn für einen »Narren«[47] und lachten ihn aus. Franz nahm ihnen das nicht übel. Im Gegenteil. Er lachte mit und machte vielleicht noch Späße. Es war, als wollte er sagen: Ihr haltet mich für einen Narren und ich will auch einer sein, ein Spaßmacher, ein Gaukler, ein Clown. Den Mut aufzubringen, sich lächerlich zu machen, gehörte für Franz zu den Prüfungen, die jeder bestehen musste, der so leben wollte wie er. Einmal schickte er einen seiner »Brüder« nur mit Unterhose bekleidet in die Kirche, um dort vor den Leuten zu predigen. Und weil er ihn unterstützen wollte, lief er ihm halbnackt hinterher und stellte sich neben ihn.[48]

Für die ernsten und ehrbaren Bürger Assisis war ein solches Verhalten natürlich unmöglich und »verrückt«. Vor allem für Pietro Bernardone dürfte es schwer erträglich gewesen sein, dass sein Sohn nicht für immer verschwunden war, sondern in seine Heimatstadt zurückkehrte. Dass er herumlief und um Steine und Essen bettelte, war beschämend für die Familie und abträglich für das Geschäft. Es ließ sich nicht vermeiden, dass sich die Wege von Vater und Sohn manchmal kreuzten. Pietro ließ dann einen Hagel von Beschimpfungen auf Francesco nieder. Der reagierte auf seine Weise. Bei der Verhandlung vor dem Bischofspalast soll er gesagt haben, dass er jetzt einen »Vater im Himmel« habe. Einen »Vater im Himmel« zu haben, reichte ihm offenbar nicht. Ihm ging es darum, den Leuten sichtbar zu zeigen, was es bedeutet, einen Vater zu haben, der einen nicht ablehnt, sondern der zu einem steht. Franz bat einen alten Bettler, sein Ersatzvater zu sein. Immer, wenn Pietro Bernardone ihn verfluchte, sollte dieser ihn segnen, ihm also zusichern, dass er so, wie er war, gut war.[49]

In der Familie Bernardone hatte nun Angelo die Stelle von Francesco eingenommen. Für den jüngeren Bruder muss es eine Genugtuung gewesen sein, den immer bevorzugten Francesco als Erbe und Nachfolger des Vaters abgelöst zu haben. Als Angelo an einem kalten Wintertag mit einem Freund in Assisi unterwegs war und seinen Bruder sah, wie er da frierend an einer Häuserecke kauerte, konnte er sich eine hämische Bemerkung nicht verkneifen. Der Freund sollte Francesco fragen, ob er ihm ein »Quäntchen von seinem Schweiß« verkaufe. Mit der Frage erweist sich Angelo als eingefleischter Kaufmann, der die Leute danach beurteilt, was sie anzubieten haben, und Franz hatte wirklich nichts mehr anzubieten als seinen Schweiß.

Normalerweise war Franz schlagfertig und nahm solche Anspielungen mit Humor. Manchmal allerdings war es für ihn schwer, mit seinem früheren Leben konfrontiert zu werden. Einmal, als er in Assisi um Öl für die Lampen in San Damiano bettelte, kam er an einem Haus vorbei, wo gesungen und gespielt wurde. Vermutlich erkannte er unter den jungen Männern welche, mit denen er früher ausgelassene Feste gefeiert hatte. Bei der Vorstellung, dass sie ihn nun so sahen, als abgerissenen Bettler, schämte er sich und traute sich nicht, sich zu zeigen. Im nächsten Moment aber bereute er seine Ängstlichkeit. Er ging auf die Leute zu und bat auf Französisch um ein Almosen. Wie wohl die alten Freunde reagiert haben? Waren sie verlegen? Machten sie Witze oder tat ihnen Franz leid? Man weiß es nicht.

Es gab Frauen und Männer in Assisi, die ihn nicht für verrückt hielten. Die es beeindruckte, wie einfach er lebte und mit welcher Beharrlichkeit er an seiner Feldkapelle arbeitete. Einer von ihnen war Bernhardo di Quintavalle, ein angesehener und sehr reicher Jurist aus einer adligen Familie.[50] Bernhardo kannte Francesco schon seit Kindertagen und hatte dessen Wandlung vom Playboy zum Einsiedler erst erstaunt und ungläubig verfolgt. Je länger er Franz in seinem neuen Leben beobachtete, desto neugieriger und nachdenklicher wurde er. Er lud ihn in sein Haus ein, um sich mit ihm zu unterhalten und dabei herauszufinden, was ihn antrieb und was er vorhatte.

Franz hat ihm wahrscheinlich von seinen Glückserlebnissen erzählt und von seiner Begegnung mit dem Aussätzigen. Wie es mit ihm weitergehen sollte, das konnte er Bernhardo nicht sagen. Es ist bezeichnend für Franz, dass er nie groß in die Zukunft schaute und die Dinge auf sich zukommen ließ. Die Kapelle San Damiano hatte er so weit wiederhergestellt, dass sie wenigstens nicht mehr wie eine Ruine aussah. Es gab auch andere verfallene Kapellen in der Umgebung von Assisi und Franz beschloss, sich auch um diese zu kümmern. Auf Dauer wollte er allerdings kein Baumeister und Maurer bleiben. Das war nicht sein Lebensziel. Nach dem suchte er noch.

Dass er alte Kirchen restaurierte, heißt noch lange nicht, dass er zu dieser Zeit besonders gläubig war. Das wird ihm zwar von vielen Biografen unterstellt, aber im

Grunde lässt sich das aus seinem Verhalten nicht zwingend ableiten. Alles, was er bisher getan hat, kann man auch ohne religiöse Motivation erklären. Sogar das sprechende Kreuz hat er ganz weltlich verstanden, als Auftrag, zerfallene Kirchengebäude auszubessern. Und damit machte er nun auch weiter. Eine dieser alten Feldkapellen hieß Santa Maria degli Angeli, das Volk nannte sie einfach Portiuncula, was so viel bedeutet wie »kleine Parzelle«. Sie gehörte den Benediktinern, die auf dem Monte Subasio, dem Gebirgszug über Assisi, ihre Abtei hatten.

Den Mönchen auf dem Monte Subasio wird es nur recht gewesen sein, dass sich da jemand um die Kapelle sorgte, die man schon fast vergessen hatte und die einzufallen drohte. Die Kirche war von Wald umgeben, weiter von der Stadt entfernt als San Damiano. Ob Franz auch bis dahin seine Steine geschleppt hat? Jedenfalls gelang es ihm, das Gotteshaus wieder so herzurichten, dass eine Messe darin gehalten werden konnte. Es ist anzunehmen, dass die Mönche der Benediktinerabtei als Dank für die aufopferungsvolle Arbeit einen Priester hinunterschickten, um die erneuerte Kirche einzuweihen. Das war wahrscheinlich am 24. Februar 1209. Franz war also achtundzwanzig oder neunundzwanzig Jahre alt und diesen Tag würde er zeitlebens nicht vergessen, weil etwas geschah, das sein Leben ein weiteres Mal veränderte.

Franz hat seinen Freunden später von diesem Ereignis erzählt und die haben es in ihrem Bericht in wenigen Worten weitergegeben.[51] Man kann sich die Szene ungefähr so vorstellen: Franz sitzt in dem winterkalten Raum frierend auf einer schiefen Bank, die er notdürftig zusammengezimmert hat, und folgt mehr oder weniger verständig der zeremoniellen Handlung. Als der Priester aus der Bibel vorliest, aus dem Evangelium des Matthäus, reißt es Franz fast vom Sitz. Ihm ist, als hätten diese Worte wie ein Blitz in seinen Kopf eingeschlagen. In diesem Bibeltext wird davon berichtet, dass Jesus seine Jünger in alle Richtungen ausschickte. Sie sollten jedoch kein Geld, keinen Geldbeutel, keine Vorratstasche, kein Brot mitnehmen, nicht einmal ein zweites Hemd, Schuhe und einen Wanderstab. Sie sollten nur dort bleiben, wo man sie mit ihrem Friedenswunsch aufnahm. Wo das nicht der Fall war, sollten sie weiterziehen.

Franz ist so aufgeregt, dass er es fast nicht abwarten kann, bis der feierliche Akt zu Ende ist. Gleich stürzt er auf den Priester zu und bittet ihn, ihm diese Stelle näher zu erläutern. Als der Gottesmann mit seiner Erklärung fertig ist, sagt Franz freudig, bestimmt und wie erleichtert: »Das ist's, was ich will! Das ist's, was ich suche! Das verlange ich aus innerstem Herzen zu tun!«[52]

Diese Szene zeigt zum einen, dass Franz alles andere als bibelfest war. Wahrscheinlich kannte er nur aus seiner Schulzeit und seinen seltenen Kirchenbesuchen einige Worte aus der Heiligen Schrift. Um selbst darin zu lesen, war sein Latein zu schlecht, und wenn es besser gewesen wäre, hätte er vermutlich auch kein Bedürfnis gehabt nach dieser Lektüre. Zum anderen zeigt jene Szene aber auch, dass er bei diesem Ereignis in der Portiuncula-Kapelle nichts gänzlich Neues erfährt. Es ist eine Bestätigung von etwas, das schon vorher in ihm da war, als Gefühl, als Kraft. Seine persönliche Glückserfahrung wird beglaubigt von einer höheren Instanz. Seiner eigenen Erfahrung kommen die Worte der Bibel entgegen oder zu Hilfe. Beides passte zusammen wie ein Puzzleteil zum anderen. Man kann auch sagen, dass Franz die Religion entdeckte. Oder noch genauer, er entdeckte, dass es einen Menschen gab, der das gelebt hat, was ihm immer schon als Ideal vorgeschwebt hat, und das war Jesus, der Mann aus Nazareth. Mit ihm hat er jetzt ein Vorbild. Und dieses Vorbild beinhaltet das Verlangen nach Einfachheit, nach der Beseitigung alles Überflüssigen und damit einhergehend die Leidenschaft für das Wesentliche.

Typisch für Franz ist es, dass er sich mit Worten nicht zufriedengibt, sondern sofort zur Tat übergeht. »Sogleich«, so heißt es in den Quellen, zieht er sich die Schuhe aus, wirft seinen Wanderstab und seinen Ledergürtel weg und bekleidet sich mit einer sackartigen Kutte aus grobem Stoff und einer Kapuze, die er mit einem Strick zusammenhält. Uns Heutigen kommt diese wilde Entschlossenheit voreilig, übertrieben, ja lächerlich vor. Für Franz ist es anscheinend keine Frage, aus dem, was er als wahr erkannt hat, die Konsequenz zu ziehen. Ihm kommen keine Zweifel, die eine Entscheidung hinauszögern könnten oder es nicht zu einer Tat kommen lassen. Es ist diese Kluft zwischen Wissen und Handeln, die dazu führen kann, dass wir nicht handeln, obwohl wir etwas als richtig und notwendig erkannt haben und aus der Einsicht Taten folgen müssten.

Der Bürgerrechtler Martin Luther King hat diese Kluft oft beklagt. Er musste erleben, dass in den Vereinigten Staaten das Übel des Rassismus zwar von vielen verurteilt wurde, aber niemand etwas Entscheidendes dagegen unternahm. Unser Leben leide, so meinte er, »an zu hohem Bekenntnis-Blutdruck und an gleichzeitiger Taten-Blutarmut«.[53] Noch eklatanter ist dieses Ungleichgewicht angesichts der Warnungen vor den Folgen unserer Lebensweise. Spätestens seit den Berichten des *Club of Rome*, also seit den Siebzigerjahren des vergangenen Jahrhunderts, ist es wissenschaftlich erwiesen, dass wir auf eine Katastrophe zusteuern, wenn wir uns nicht vom Glauben an einen stetigen Fortschritt verabschieden und aufhören, die natürlichen Grundlagen unseres Lebens zu zerstören.

Trotz dieses Wissens und obwohl es um nicht weniger als das nackte Überleben der Menschheit geht, bleibt ein Umdenken aus und findet ein politischer wie wirtschaftlicher Kurswechsel nicht statt oder verläuft viel zu langsam. Der Soziologe Harald Welzer beklagt, dass wir es inzwischen für ein »gefühltes Menschenrecht« halten, »jedes Jahr mehr zu haben«, obwohl die Menschen jetzt schon unter dem Konsumzwang ersticken würden. Die Behauptung, dass wir Wachstum brauchen, ist für Welzer zu einer Art »Glaubensbekenntnis« geworden, wobei völlig ausgeblendet wird, dass Wachstum »gesteigerter Verbrauch« bedeutet. Welzer fordert eine neue »Kultur des Aufhörens«. Seine Empfehlung: »Man müsste selber runterfahren den Scheiß!«[54]

Der Soziologe und Philosoph Erich Fromm befürchtet, dass bei uns der natürliche »Selbsterhaltungstrieb« nicht mehr funktioniert.[55] Einen Grund dafür sieht er darin, dass die meisten Menschen auf die Annehmlichkeiten und Bequemlichkeiten eines Lebens im Wohlstand nicht verzichten wollen und dafür in Kauf nehmen, dass dieser Planet in einer fernen Zukunft, die sie selbst freilich nicht mehr erleben, unbewohnbar ist. Er vergleicht unser Verhalten mit einem Mann, der sich vor seinen Feinden in ein komfortables Haus flüchtet. Obwohl er weiß, dass er getötet wird, wenn er bleibt, will er nicht flüchten, weil es in diesem Haus warm und behaglich ist und ihn draußen Kälte und Regen erwarten. Was ihm fehlt, so könnte man sagen, ist die Entschlossenheit eines Franz von Assisi, der wusste, dass Umkehr nicht Rückschritt sein muss, dass Entbehrung Gewinn sein kann und Verzicht nicht weniger Lebensqualität bedeutet, sondern Leben vielleicht erst ermöglicht.

»Das ist es, was ich will!«, sagte Franz, nachdem er die Worte aus der Bibel gehört hat. Aber was will er genau?

Was will er aus vollem Herzen tun? Hat er einen Plan? Weiß er jetzt, wie sein zukünftiges Leben aussehen wird? Nein, er weiß es nicht. Ein fester Plan würde der großen Freiheit widersprechen, von der er jetzt erfüllt ist. Doch diese Freiheit ist gebunden an Grundsätze, und einer dieser Grundsätze, vielleicht der wichtigste, ist das, was Franz »Schwester Armut« nennt. Das ist keine ungewollte Armut, die jemand erleidet, der sozial abstürzt, der Arbeit und Wohnung verliert und kein Geld mehr hat. Was Franz meint, ist eine freiwillige Armut, die allerdings zu einer »zärtlichen Solidarität« mit Armen, Ausgestoßenen, Benachteiligten führt. Sie macht, wie er einmal sagt, »die Begehrlichkeit und den Geiz und die Sorgen der Welt zuschanden«.[56]

»Schwester Armut« ist keine Einschränkung, bei der man sich Gewalt antut. Kein Entsagen, das einem schwerfällt. Kein Verzicht, bei dem man leiden will, um daraus einen Gewinn zu ziehen. Sie ist eine geistige Haltung. Franz sucht die Armut so begierig und freudig, wie er früher dem Geld und dem Vergnügen hinterher war. Sie ist für ihn das reinste Glück. Darum kann er finstere Frömmler und schlecht gelaunte Priester nicht leiden. Seine Freude ist keine aufgesetzte Fröhlichkeit, kein billiger Optimismus, der die Schattenseiten des Lebens nicht sehen will. Er trägt sie auch nicht zur Schau, sie ist mehr eine untergründige Kraft. Was ist die Quelle dieser Kraft?

Für den Philosophen Martin Heidegger steht am Anfang jedes Nachdenkens das Staunen – das Staunen darüber, dass wir auf der Welt sind und die Welt so ist, wie sie ist. Es ist ein Staunen, das sich philosophisch ausdrückt in der Frage: »Warum ist überhaupt Seiendes und nicht vielmehr Nichts.«[57] Für Franz ist dieses Staunen darüber, dass es uns und die Welt um uns gibt, untrennbar verbunden mit einem Gefühl der Dankbarkeit. Er ist, wie es ein Biograf sagt, »von Dank durchtränkt«[58]. Es ist eine Dankbarkeit dafür, überhaupt geboren zu sein. Dankbarkeit für alles, was ist, oder, religiös gesprochen, Dankbarkeit für die Schöpfung.

Jene Freude, die Franz hier meint, lässt sich mit Worten nur schwer beschreiben. Man kann sie eigentlich nur erfassen, wenn man sie an einem Menschen erlebt. Und wer Franz begegnete, erhielt einen unmittelbaren Eindruck davon. Bernhardo di Quintavalle hat Franz erlebt. Er war beeindruckt, aber auch verunsichert. Er wurde den Gedanken nicht mehr los, dass Franz vielleicht doch kein Spinner ist, sondern ein sinnvolleres Leben führt als er selbst. Bernhardo war kein Mann, der sich schnell von einer Idee mitreißen lässt. Er prüfte erst sorgsam, bevor er sich ein Urteil erlaubte. Mit Franz führte er lange Gespräche, einmal saßen sie sogar eine ganze Nacht hindurch zusammen.

In einer legendenhaften Geschichte wird erzählt, dass Bernhardo eine List anwandte, um Franz zu prüfen.[59] Als es bei einer ihrer Unterhaltungen sehr spät geworden war, schlug er Franz vor, bei ihm zu übernachten. Er richtete es so ein, dass sie beide in einem Zimmer schliefen. Bernhardo tat so, als wäre er eingeschlafen, und schnarchte laut. Tatsächlich aber war er hellwach und wollte wissen, was Franz in der Nacht macht. Bernhardo konnte beobachten, wie Franz aufstand und vor sich hinsprach. In der Legende wird erzählt, dass er betete. Aber das sagt nicht viel. Ein Franz, der betet, wie andere es auch taten, hätte Bernhardo nicht imponiert.

Was ihn vielmehr tief beeindruckte, war, dass Franz so bittend und flehend zu jemandem sprach, als hinge sein Leben davon ab, ob er gehört wird. Die Bibelworte in Portiuncula hatten ihm die Gewissheit gegeben, dass er bei seiner Suche nach dem richtigen Leben nicht alleine ist, sondern begleitet und bestärkt wird wie von einem liebenden Vater. Diese Verbindung sucht er wieder, ohne sie kann er nicht mehr sein. Es war jenes Ringen, jenes Bitten um die bleibende Gegenwart dieses Vaters, was Bernhardo so beeindruckte, zusammen mit der Tatsache, dass Franz so uneitel und bescheiden war, dass er dabei nicht von Bernhardo gesehen werden, ihm nicht mit seiner Frömmigkeit imponieren wollte. Bernhardo verlor die letzten Zweifel und er fragte Franz bei nächster Gelegenheit, was er tun solle mit seinem Besitz, wenn er genauso leben wolle wie er.

Es spricht für Franz, dass er sich nicht anmaßte, allein über das Schicksal seines Freundes zu entscheiden. Immerhin hatte der viel zu verlieren, Häuser, ein beträchtliches Vermögen, sein Ansehen als Jurist und Sohn einer adligen Familie. Franz nahm Bernhardo mit zur Kirche San Nicolò am Marktplatz von Assisi. Begleitet wurden sie von einem Mann namens Pietro di Cattaneo, einem Freund und hochgebildeten Geschäftspartner Bernhardos, der ebenfalls große Sympathien für Franz hegte.[60] In der Kirche bat Franz den Priester, für sie die Bibel zu befragen. Das war zu dieser Zeit nicht ungewöhnlich. Menschen, die kein Latein verstanden, wandten sich an Priester, um aus der Heiligen Schrift einen Ratschlag für ihre Probleme zu erhalten. Was Franz offenbar erhoffte, war wieder eine offizielle Bestätigung seiner innersten Überzeugung, die es nun auch für Bernhardo leichter machen sollte, sich zu entscheiden. Und ob es nun Zufall war oder ein göttlicher Wink – er stieß auf Stellen, wo Jesus von allen, die sich ihm anschließen wollen, verlangt, ihren Besitz den Armen zu geben.

Nun war die Sache entschieden und es kam zu einer spektakulären Aktion, die in Assisi nicht nur für eine riesige Aufregung, sondern für einen großen Auflauf sorgte. Bernhardo und Francesco standen vor dem Haus der Quintavalles und verschenkten alles, was sich darin befand. Jeder, der arm war und etwas wollte, bekam auch etwas. Ein Priester namens Silvester kam auch hinzu und beschwerte sich bei Franz. Er hatte ihm einen Stein geschenkt im Glauben, dass Franz arm sei. Und nun sah er, dass Franz mit Geld um sich warf. Franz zögerte nicht lange, griff blindlings in einen Beutel und gab dem Priester eine Handvoll Münzen, mit der dieser zufrieden abzog.

Bernhardo war anscheinend nicht verheiratet und hatte keine Kinder, aber eine weitverzweigte Familie im Hintergrund. Wie die auf seinen Entschluss reagiert hat, kann man sich leicht vorstellen. Seine Angehörigen werden entsetzt gewesen sein, dass Bernhardos Hab und Gut nicht in der Familie blieb, sondern an x-beliebige arme Leute verschenkt wurde. Schuld war für sie Francesco, der einen schlechten Einfluss auf Bernhardo hatte, sodass dieser nicht wiederzuerkennen war und Dinge tat, die in ihren Augen völlig irrsinnig waren. In anderen Familien in Assisi ging nun sicher die Angst um, dass auch ihre Söhne, Väter oder Brüder Francesco nachlaufen und dann ihr Erbe verschleudern. Bernhardo ließ sich von dieser ganzen Aufregung nicht beirren. Als Jurist wusste er, wie er seine Verteilaktion abwickeln musste. Als alles erledigt war, zog er mit Francesco und Pietro, der nun ebenso überzeugt war wie sein Freund, zur Portiuncula-Kirche. Dort ging es zunächst einmal darum, eine Unterkunft zu haben. Aus Holz, Reisig, Stroh und Lehm bauten sie sich eine kleine Hütte, um vor Regen und Wind geschützt zu sein.

Für Franz war das eine völlig neue Situation. Drei Jahre war es her, dass er sein altes Leben aufgegeben hatte. Seither hatte er mehr oder weniger als Einzelgänger gelebt. Nun hatte er Gefährten, die sein Leben mit ihm teilen wollten. Offenbar sahen sie ihn als Vorbild und warteten darauf, dass er bestimmt, wie es weitergeht. Mit dieser Entwicklung hatte Franz nicht gerechnet, auch nicht damit, dass diese Gruppe größer wurde. Nicht lange, nachdem sich ihm Bernhardo angeschlossen hatte, kam der Priester Silvester nach Portiuncula. Weil er bei der Verteilung von Bernhardos Geld so habgierig gewesen war, hatte ihn das schlechte Gewissen geplagt und in eine tiefe Krise gestürzt. Er bereute sein Verhalten und bat darum, aufgenommen zu werden.

Und eines Tages stand ein Handwerker namens Egidio vor ihnen und wollte dazugehören. Franz hatte nichts dagegen. Einzige Bedingung war, dass die Bewerber bereit waren, das karge Leben mit ihm zu teilen. Zu diesem Leben gehörte es auch, heimatlos zu sein, keinen festen Wohnsitz zu haben. Wie Jesus und seine Jünger wollten sie nirgendwo und darum überall zu Hause sein. Und wie diese wollten sie zu zweit losziehen und die Gegend durchwandern.

Franz tat sich mit Egidio zusammen, den er auf Anhieb mochte, weil er so zupackend war und immer einen guten Spruch auf Lager hatte. Sie machten sich auf in Richtung jener Region in Mittelitalien, die man heute die Marken nennt. Ein Ziel hatten sie nicht, wussten auch nicht recht, was sie machen sollten. Wenn sie Menschen begegneten, sprach Franz zu ihnen. Was er sagte, weiß man nicht. Später hat man ihm große und gewichtige Worte in den Mund gelegt. Wahrscheinlich ist, dass seine Reden eine Mischung waren aus Bibelzitaten und eigenen Worten, die Franz mit vielen Gesten und kleinen Gesangseinlagen verdeutlichen wollte.

Sein Auftreten muss so ungewöhnlich, ja befremdlich gewesen sein, dass die Leute oft dachten, er sei betrunken.[61] Was die Menschen verwirrte, war, dass diese Fremden keinem Orden angehörten und trotzdem von Gott redeten. Wenn man sie fragte, wer sie sind und woher sie kommen, antworteten sie, sie seien »Büßer aus der Stadt Assisi«. So wie sie angezogen waren, erweckten sie eher den Eindruck, Landstreicher oder Diebe zu sein. Sie gingen barfuß und hatten nur ihre sackartige Kutte mit Kapuze an.

Weil sie trotz ihres jämmerlichen Aussehens so guter Laune waren, Franz seine französischen Lieder sang und sie auch noch lachten, wenn man sie mit Dreck und Steinen bewarf, hielten viele sie für schwachsinnig. Manche machten sich einen Spaß daraus, sie an der Kapuze zu packen und sich mitziehen zu lassen. Andere wiederum hielten lieber Abstand, weil ihnen diese seltsamen Wilden nicht geheuer waren. In ihren Aufzeichnungen berichten die »drei Gefährten« sogar, dass Frauen und Mädchen vor ihnen wegliefen, weil sie Angst hatten, von ihrem verrückten Benehmen angesteckt zu werden.

Dass Franz und seine Begleiter überall, wo sie hinkamen, auch Ablehnung, Verwunderung, Gelächter oder Angst hervorriefen, ist die eine Seite. Die andere ist, dass viele Menschen sich angezogen fühlten von der glücklichen Ungebundenheit, der natürlichen Frömmigkeit und zwanglosen Bedürfnislosigkeit dieser seltsamen Vögel. Als Franz und Egidio nach Portiuncula zurückkamen, warteten da schon neue Kandidaten. Die Angst der Familien in Assisi, dass nach Bernhardo di Quintavalle noch andere Männer Franz nachlaufen, war berechtigt gewesen. Sabbatino hieß der eine, Morico der andere. Ein Dritter, Giovanni, war bereit, sofort seine Kleider abzulegen und eine Kutte anzuziehen, aber seine Mütze wollte er partout auf dem Kopf behalten, weswegen man ihm den Spitznamen Cappella gab, Giovanni mit dem Hut.

Eine Prüfung oder ein Aufnahmeritual für die Neuen gab es nicht. Franz genügte es, wenn er bei ihnen eine gewisse Demut und Herzenswärme feststellte. Bildung oder eine besondere Gläubigkeit brauchten sie nicht vorzuweisen. Ein Handwerker oder Bauer war so willkommen wie ein Priester oder Gelehrter. Wie man ein Leben ohne Sicherheit, Familie, Haus und Geld führt, das sollten sie lernen, indem man sie auf Wanderung losschickte. Wie man zu den Leuten spricht, das sollte sich aus der Erfahrung ergeben, sorgenlos in den Tag hineinzuleben, vertrauend allein auf einen Gott, der ihnen alles, was man zum Leben braucht, schon gegeben hat.

Franz wusste, dass das, was er von seinen Mitbrüdern erwartete, nicht ganz ungefährlich war. Predigen durften nur Kleriker mit Erlaubnis des Papstes. Außerdem wuchs seine anfangs noch kleine Schar immer weiter, sodass zu befürchten war, dass irgendwann die offizielle Kirche darauf aufmerksam wird. Und der Heilige Stuhl wachte sorgsam darüber, dass keine Bewegung entstand, die sich außerhalb der Gesetze und Glaubenslehre der Kirche befand. Beispiele von Gruppen gab es zur Genüge, die als Ketzer gebrandmarkt und unerbittlich verfolgt wurden. Franz musste dieser Gefahr begegnen. Er musste den Segen des Papstes bekommen. Oder anders gesagt: Er musste nach Rom!

VI.

Kirche und Ketzer

Auch ich will nach Rom. Nachdem ich mich von den Schwestern im Kloster Santa Croce verabschiedet habe, gehe ich los. Ich bin spät dran. Man hat mir geraten, immer schon früh morgens aufzubrechen, wenn die Temperaturen noch erträglich sind. Jetzt geht es schon auf Mittag zu und es ist bereits sehr heiß. Ich habe mir vorgenommen, bis nach Foligno zu kommen, das sind etwa zwanzig Kilometer. Vom Busparkplatz führt zunächst ein gepflasterter Weg Richtung Valle Umbra, des breiten Tals zwischen Perugia und Spoleto. An der Kirche Santa Maria degli Angeli mache ich einen kurzen Halt. Ich will einen Blick auf die kleine Kapelle werfen, die sich im Innern dieser Basilika befindet. Es ist die Portiuncula-Kirche, die Franz hergerichtet hat und die ihm und seinen Freunden immer eine Art Heimat war. Die kleine, restaurierte Kapelle tut einem fast ein bisschen leid. Wie verloren steht sie da, mitten in diesem riesigen Kirchenbau, von dem sie fast erdrückt zu werden scheint.

Vor achthundert Jahren hätte ich hier in einem Eichenwald gestanden, vor einer ärmlichen Feldkapelle und den windschiefen Lehmhütten der kleinen Gemeinschaft um Franz von Assisi. Anfang 1209 sollen es schon über zehn Mitbrüder gewesen sein. Im Frühjahr brachen sie auf nach Rom. Franz hatte ein paar Grundsätze für seine Bewegung aufgeschrieben, damit er beim Papst etwas vorzuweisen hatte. Eigentlich waren es nur Bibelzitate, aber sie drückten genau das aus, was er wollte und ihm wichtig war. Und schließlich hatten die Worte der Heiligen Schrift mehr Gewicht als seine persönlichen Glückserfahrungen. Was sie in Rom erwartet, wussten sie nicht. Und sie hatten auch keine Ahnung, wie man es anstellen muss, um an den Papst heranzukommen. Sie kannten niemanden in Rom. Aber das bereitete ihnen keine Sorgen. Sich Sorgen zu machen um etwas, das irgendwann in der Zukunft sein wird, das belastet nur die Gegenwart. Das wollte Franz nicht.

Ebenso wenig machten sie sich Gedanken darüber, wo sie die Nächte verbringen oder woher sie Essen bekommen würden. Irgendwo gab es immer eine Höhle oder eine Grotte, in die sie sich verkriechen konnten. Manchmal hatten sie Glück und fanden in kalten Frühlingsnächten bei einem Bauernhof einen Backofen, der noch schön warm war und an den sie sich anlehnen konnten.[62] Um Essen bettelten sie nur im Notfall. Wenn möglich, halfen sie den Bauern bei der Arbeit und bekamen dafür Brot, Käse oder Obst. Geld nahmen sie grundsätzlich nicht an. Franz hasste Geld. Bei keiner Sache war Franz so unerbittlich, wie wenn es um Geld ging. Und kein Wort war ihm derb genug, um seinen Abscheu vor Geld auszudrücken. »Scheißdreck« nannte er es oder »Eselsmist«.[63]

Sein Hass auf das Geld hatte sicher auch etwas mit seiner Vergangenheit zu tun. Auch wenn er jetzt ein anderer war, so hatte er doch nicht vergessen, dass er einmal der reiche Tuchhändlersohn gewesen war, der mit Geld um sich geworfen hatte. Gerade weil er aus eigener Erfahrung wusste, wie Geld sein Leben bestimmt hatte und was es mit Menschen macht, indem es ihr Bemühen stärkt, den eigenen Vorteil zu suchen, anstatt Solidarität und Mitmenschlichkeit zu fördern. Jetzt sollte Geld keinerlei Macht mehr über ihn haben.

Rom hatte Anfang des dreizehnten Jahrhunderts etwa dreißigtausend Einwohner. Gemessen an der früheren Größe war es nun eine Kleinstadt. Aber es war das Zentrum der Christenheit. Der Papst residierte noch nicht im Vatikan, sondern im Lateran, einem eigenen Bezirk mit Basilika und einem Palast. Er wurde noch nicht von der Schweizer Garde bewacht. Aber sicher war es nicht einfach, zu ihm vorzudringen. Einem Bericht zufolge, der wohl eher eine Legende ist, hat Franz genau das geschafft.[64] Er ging einfach schnurstracks in den Papstpalast und stand dann tatsächlich vor Innozenz III., dem Stellvertreter Christi auf Erden, und trug ihm sein Anliegen vor. Der schaute ihn von oben bis unten an und traute seinen Augen und auch seiner Nase nicht. Denn Franz sah mit seiner schäbigen Kutte, seinem struppigen Bart und seinen langen, ungepflegten Haaren aus wie ein wilder Waldmensch. Und er roch vermutlich auch so. »Geh, Bruder, zu den Schweinen«, soll der Papst zu ihm gesagt haben. »Denn du siehst aus wie ein Schwein. Mit ihnen kannst du dich im Dreck suhlen und ihnen kannst du predigen.« Daraufhin ging Franz zum nächsten Schweinestall und wälzte sich dort im Dreck. Über und über mit Schlamm bedeckt und bestialisch stinkend kehrte er dann zum Palast zurück. Der Papst war verblüfft und beeindruckt vom bescheidenen Starrsinn dieses kleinen Mannes.

Dass sich Franz' erste Begegnung mit dem Papst tatsächlich so abgespielt hat, ist unwahrscheinlich. Trotzdem passt diese Geschichte zu Franz, weil sie wesentliche seiner Eigenschaften zeigt. Er ist nicht beleidigt oder verletzt. Es kommt ihm gar nicht in den Sinn, dass der Papst ihn für einen unbedeutenden, dreckigen Spinner hält, den er schnell loswerden will. Franz nimmt ihn wörtlich, als ob er einen gut gemeinten Rat erhalten hätte. Das ist typisch für Franz. In allen Geschichten über ihn verhält er sich so. Menschen begegnet er mit einem grenzenlosen Vertrauen, als ob nur Gutes von ihnen zu erwarten wäre. Und überraschenderweise ist es dann oft so, dass die Menschen, wenn sie derart behandelt werden, jegliches Misstrauen ablegen und sich öffnen.

Für den englischen Schriftsteller G. K. Chesterton ist das Verhalten von Franz nicht naiv oder blauäugig, eher äußert sich darin eine große Höflichkeit. »Er ehrte alle Menschen«, schreibt Chesterton, »und das besagt, dass er sie nicht nur alle liebte, sondern auch alle achtete.«[65] Liebe reicht demnach nicht, es muss Achtung dazukommen. Sie ist Ausdruck von Respekt und anerkennt die Freiheit und Unverfügbarkeit des anderen. Der Theologe und Widerstandskämpfer Dietrich Bonhoeffer hat in seinem Umgang mit Menschen immer auf dieser Achtung bestanden und auch ihre politische Dimension erkannt, als er vom »Mut zur Distanz« sprach. Für Bonhoeffer war dieses »Gefühl für menschliche Distanzen« abhandengekommen, was dann in der Folge zu plumper Vertraulichkeit, zu frecher Übergriffigkeit und schließlich zu der menschenverachtenden Grausamkeit der Nazis führte. Zu jener notwendigen Distanz gehört für Bonhoeffer auch, dass man auf die »Jagd nach Positionen« verzichtet, populistische Menschenfänger durchschaut und einen »Starkult« wie den um Hitler und andere Nazigrößen nicht mitmacht.[66]

Die Schweinegeschichte zeigt Franz als einen freien Menschen. Er lässt sich auch von einem Papst nicht einschüchtern. Er hat es aber auch nicht nötig, sich wichtigzumachen oder sich als Erneuerer der Kirche aufzuspielen, wie ihn manche Biografen schon zu dieser Zeit gerne sehen wollen. Lieber benimmt er sich wie ein Schwein. Die Freiheit, die er lebt, bringt zwei Dinge zusammen, die wir normalerweise als Gegensätze sehen: Unabhängigkeit und demütige Zurückhaltung.

Franz ist unabhängig, aber das heißt für ihn nicht, sich alles zu erlauben, ohne Rücksicht auf die anderen. Im Gegenteil: Er ordnet sich unter und ist lieber ein Diener als ein Führer oder Chef. Seine Freiheit ist eine, die der Reformator Martin Luther die »Freiheit eines Christenmenschen« genannt hat und die darin besteht, dass man »ein freier Herr über alle Dinge« und gleichzeitig »jedermann untertan« ist.[67] Freiheit also als die Freiheit, seine Freiheit einzuschränken. Davon erzählt die Schweinegeschichte. Was sie allerdings ausblendet, ist, dass sich Franz mit dem Gang zum Papst auf das Feld der Machtpolitik begeben hat. Und hier ist er Kräften und Interessen ausgesetzt, die seine Freiheit gefährden. Davon berichten andere Quellen, die seinen ersten Auftritt in Rom wesentlich realistischer schildern.[68]

Wie man agieren muss, um beim Papst Gehör zu finden, das wird Franz in Rom klargemacht. Er braucht nämlich Fürsprecher, Anwälte. Heute würde man sagen, er braucht eine Lobby. Zufällig und glücklicherweise hält sich auch Guido, der Bischof von Assisi, gerade in Rom auf. Franz und seine Freunde wussten davon nichts und Guido ist zunächst verärgert, dass Franz ihm von seinem Vorhaben nichts gesagt hat. Jetzt bringt ihn Franz in eine peinliche Lage. Wie steht er vor dem Papst da, wenn eine Gruppe von abgerissenen Landstreichern aus Assisi nach Rom kommt, um den päpstlichen Segen für ihre Gemeinschaft zu erbitten, und er, der Bischof von

Assisi, weiß nicht davon! Guido will diese Situation diplomatisch retten. Er stellt Franz dem Kardinal Giovanni di San Paolo, Johannes von St. Paul, vor. Der ist ein einflussreicher Mann und hat einen guten Draht zum Papst. Der Kardinal weiß auch gleich, was zu tun ist. Er lädt Franz und seine Mitbrüder in sein Haus ein. Das tut er weniger aus Gastfreundschaft, sondern um herauszufinden, was Franz will und wie man mit ihm umgehen soll.

Der Kardinal kennt sich in der Kirchenpolitik aus und er weiß, dass Leute wie dieser Francesco Bernardone aus Assisi dem Papst das Leben schwer machen und eine Gefahr für die Kirche sind. Seit Jahrzehnten entstehen Bewegungen, die behaupten, die Kirche nicht mehr zu brauchen, um ein christliches Leben zu führen. Von Rom bis London, von Bulgarien bis Spanien gibt es nun Gemeinschaften, die sich nicht mehr an die Verordnungen des Papstes halten, von Rom eingesetzte Priester vertreiben und ein anders gelebtes Christentum wollen. Sie nennen sich Katharer, Albigenser, Waldenser, Humiliaten, Publikaner oder Bogomilen. Sie werfen der Kirche vor, sich weit von den normalen Menschen entfernt zu haben und zu einem weltlichen Betrieb geworden zu sein, in dem es nur noch darum geht, die eigenen Privilegien zu sichern, sich gegenseitig die Ämter zuzuschieben und die Macht gegen den Kaiser zu erweitern. Allen diesen Bewegungen ist gemeinsam, dass sie zurück wollen zum Kern der biblischen Botschaft, zurück zu einem einfachen, armen Leben, wie es ihrer Ansicht nach Jesus vorgelebt hat. Sie halten sich für Reformer, für die Kirche sind sie »Ketzer« oder »Häretiker«.[69]

Vierzig Jahre vor Franz, im März 1179, kam ein Mann namens Petrus Waldes nach Rom, um vom damals amtierenden Papst Alexander III. die Erlaubnis zum Predigen zu bekommen. Waldes war ein reicher Kaufmann aus Lyon gewesen. Drei Jahre vor seiner Romreise hatte er ein Erlebnis gehabt, das sein Leben von einem Moment auf den anderen veränderte. Ähnlich wie Franz waren es Worte, die ihn bis ins Innerste erschütterten. Auf einem Spaziergang hörte er das Lied über einen Bürgerssohn, der in der Hochzeitsnacht seine Braut verlässt und sich entschließt, als Bettler zu leben. Entschlossen, diesem Beispiel zu folgen, versorgte Waldes daraufhin seine Frau, gab seine zwei Töchter ins Kloster und verschenkte sein ganzes Hab und Gut an die Armen. Er selbst nahm ein Wanderleben auf, dem sich mit der Zeit viele Gleichgesinnte anschlossen. Diese Waldenser oder »Die Armen von Lyon«, wie sie genannt wurden, hatten keinen festen Wohnsitz, sie lehnten privates Eigentum ab und ernährten sich von den Produkten ihrer Handarbeit.

In Rom wurde der Laie Petrus Waldes von den Theologen belächelt. Dennoch erteilte ihm der Papst das Recht zu predigen, mit der Einschränkung, dass der zuständige Bischof die Erlaubnis dazu geben muss. Waldes, der keinen Konflikt mit der Kirche wollte, setzte sich später über dieses Verbot hinweg und wurde daraufhin zum Häretiker erklärt, also zum Ketzer, der vom wahren Glauben abweicht. Er und seine zahlreichen Anhänger, die jede Gewalt ablehnten, wurden nun von der Inquisition verfolgt, verbrannt, vertrieben. Nur im Untergrund konnten sie überleben – und es gibt sie bis heute.

Papst Innozenz III. hat den Ärger mit den Ketzern von seinen Vorgängern geerbt. Vor allem musste er sich mit einer Glaubensgemeinschaft auseinandersetzen, die über die Jahre hinweg immer stärkeren Zustrom erfahren hatte und für die Amtskirche viel bedrohlicher, weil radikaler war als die Waldenser. Die Katharer, was so viel heißt wie »die Reinen«, bildeten in weiten Landstrichen Norditaliens und Südfrankreichs eine Gegenkirche. Sie vergaben eigenmächtig Sünden, hielten ihre Gottesdienste in der Volkssprache ab, lehnten die Lehre von einem dreifaltigen Gott ab und verlangten von ihren Anhängern ein bescheidenes Leben sowie den strikten Verzicht auf tierische Nahrung.

Alle Maßnahmen gegen diese »Ketzer« waren bisher wirkungslos geblieben. Die Bewegung wurde immer größer. Innozenz III. versuchte es zunächst mit sanften Mitteln, die Abtrünnigen in die Kirche zurückzuholen. Er schickte Mönche nach Südfrankreich, die durch demütiges Auftreten und eindringliche Reden die Menschen zur Umkehr bewegen sollten. Doch nachdem einer von ihnen, Pierre de Castelnau, im Januar 1208 mit einem Speer ermordet worden war, änderte der Papst seine Strategie. Er rief zu einem Kreuzzug gegen die Albigenser, wie die Katharer in dieser Gegend genannt wurden, auf.

Der Tod des Legaten war der Vorwand für den »schlimmsten Krieg des Mittelalters«[70]. Ein Heer von Kreuzrittern und Söldnern fiel im Sommer 1209 in Südfrankreich ein. Diese »Soldaten Christi«, denen ein Sündenerlass versprochen wurde, eroberten eine Stadt nach der anderen und richteten überall ein fürchterliches Blutbad an. Dabei machten sie keinen Unterschied, ob die Menschen, die sie niedermetzelten, Katharer, Katholiken, normale Bewohner, Frauen, Kinder oder Greise waren. »Tötet sie!«, soll ein Legat des Papstes den Soldaten zugerufen haben, »Gott wird die Seinen schon kennen.«[71]

Als Franz von Assisi im Frühsommer 1209 in Rom war, stand das christliche Heer bereit, den Krieg gegen die Albigenser zu beginnen, der noch viele Jahre dauern und Tausende von Menschen das Leben kosten sollte. Was Franz davon wusste, ist ungewiss. Der Kardinal Giovanni di San Paolo jedenfalls war vertraut mit dem Problem der Ketzer. Er war selbst nach Südfrankreich gesandt worden, um auf die Katharer einzuwirken, und er kannte die Pläne des Papstes. Nun wollte er natürlich wissen, was es mit diesem sonderbaren kleinen Mann und seinem Häuflein Anhänger auf sich hat. Sein Eindruck muss zwiespältig gewesen sein. Einerseits wollte Franz, wie die Waldenser und Katharer, ein Leben nach den Forderungen der Bibel führen. Andererseits war Franz offenbar kein Rebell, der sich gegen die Kirche stellte. Somit war es für den Kardinal naheliegend, Franz den Vorschlag zu machen, doch einem der bestehenden Orden beizutreten. Das jedoch lehnte Franz höflich, aber bestimmt ab. In den Klöstern hatte der einzelne Mönch zwar keinen Besitz, aber er war sein Leben lang gut versorgt, weil das Kloster begütert war. Das war nicht die Armut und Ungesichertheit, die Franz wollte.

Für den Kardinal war dieser Sonderling aus Assisi interessant genug, um eine Audienz beim Papst zu erwirken. Innozenz war unsicher, wie er mit den Ketzern umgehen sollte. Obwohl er nun seine Soldaten gegen sie losschickte, suchte er weiterhin nach einer Möglichkeit, die Abtrünnigen ohne Gewalt wieder in die Kirche zurückzuholen. Vielleicht lag die Lösung bei Männern wie diesem unscheinbaren Vagabunden, der dieselben Ideale wie die Ketzer vertrat, aber gleichzeitig loyal gegenüber der Kirche war? Wenn man auf solche Männer setzte, konnte man vielleicht den Katharern und Waldensern das Wasser abgraben und gleichzeitig die Kirche reformieren. War es so möglich, den Sumpf der Häresie ohne Gewalt auszutrocknen?

Thomas von Celano, der erste Franziskus-Biograf, stellt solche Überlegungen nicht an. Für ihn war es ein Traum, der dem Papst die Bedeutung des kleinen Mannes aus Assisi offenbarte. In diesem Traum droht der Lateranpalast einzustürzen und ein unscheinbarer, schwacher Mönch stemmt sich gegen das Gebäude und bewahrt es so vor dem Einsturz. In diesem schwachen Mönch erkannte er Franz von Assisi. Abgesehen von der Frage, wie der Biograf von einem so intimen Erlebnis wie einem Traum Kenntnis haben kann, ist hier natürlich die Absicht erkennbar, Franziskus zum Retter der Kirche zu machen. Dass der sich zu jener Zeit so gesehen hat, ist völlig ausgeschlossen. Das widersprach schon seiner Demut. Durchaus vorstellbar ist allerdings, dass die Ketzerbewegungen dem Papst schlaflose Nächte und Albträume bereiteten. Als Franz dann vor ihm stand, ist ihm vielleicht der Gedanke gekommen, dass dieser harmlose Bittsteller einmal recht nützlich für ihn werden könnte.

Noch allerdings war dieses Häuflein merkwürdiger Gestalten zu unbedeutend und zahlenmäßig zu klein, um mit ihnen große Pläne zu schmieden. Solchen Plänen stand vor allem die radikale Armut entgegen, auf welcher der Mann aus Assisi so stur beharrte. Wer konnte diese Forderung auf Dauer erfüllen? Einer allein vielleicht. Das bewiesen die Einsiedler und umherstreunenden Fanatiker, die es wie Sand am Meer gab. Aber dachte man an eine größere Gemeinschaft oder gar an einen Orden, war diese Forderung da nicht viel zu streng, ja eigentlich unlebbar? Und eine Kirche, die auf Macht und Reichtum verzichtet – undenkbar! Und wie sollte man diese Leute kontrollieren, wenn sie sich weigerten, in ein Kloster zu gehen?

Mit leeren Händen wollte der Papst Franz jedoch nicht wegschicken. Er billigte mündlich dessen Regeln. Da es nur eine Sammlung von Bibelzitaten war, konnte er sie schlecht ablehnen. Zusätzlich erteilte er ihm die Erlaubnis zu predigen, wie es einem ungebildeten Laien möglich war. Und er versprach, sich noch mehr für ihn einzusetzen, wenn die bisher kleine Gemeinschaft gewachsen sein würde. Vorerst ordnete er an, Franz und seinen Begleitern eine Tonsur zu verpassen. Man schor ihnen also eine kreisrunde kahle Stelle ins Haupthaar, zum Zeichen dafür, dass sie nun Kleriker waren und im Dienst der Kirche standen.

Nach dem Bericht seiner späteren Gefährten war Franz verwundert, dass seine Wünsche so leicht erfüllt worden waren.[72] Er und seine Freunde waren ausgelassener Stimmung, als sie den Heimweg antraten. Für ihn war die Romreise ein großer Erfolg.

War er naiv? Hat er nicht gemerkt, dass man dabei war, ihn zum Spielball einer berechnenden Kirchenpolitik zu machen? War ihm nicht bewusst, dass sein Armutsideal unvereinbar war mit den Gesetzen der real existierenden Kirche? Franz denkt nicht taktisch und die Winkelzüge von Theologen und Politikern bleiben ihm verborgen. Ihm geht es allein darum, das zu leben, wovon er überzeugt ist, und nicht gegen die zu kämpfen, die seine Lebensform gefährden oder verhindern.

Sobald Franz wieder auf den Hügeln und in den Tälern Umbriens wandert, ist er in seiner Welt und glücklich. Als er und seine Freunde in die bergige Gegend südlich der Stadt Rieti kommen, sind sie von der Schönheit der Landschaft so begeistert, dass sie beschließen, länger hier zu bleiben.[73] Es ist Sommer und sie sind frei. Sie haben Zeit. Niemand erwartet sie. Niemand will etwas von ihnen. Sie müssen keinen Geschäften nachgehen oder Geld verdienen. Und auch wenn sie Hunger haben, auf der harten Erde schlafen müssen, frieren und vom Regen durchnässt werden, so überwiegt doch das Glück, lebendig zu sein und sich an der Sonne, den Bergen, den Flüssen und Bächen zu erfreuen.

Der Kardinal und der Papst bedauerten Franz für das harte Leben, zu dem er entschlossen war. Sie konnten nicht verstehen, dass Franz sich nicht zu diesem Leben zwingen muss. Sie konnten nicht verstehen, dass er diese freiwillige Armut nicht auf sich nimmt, um für seine Leiden einmal einen göttlichen Lohn zu erhalten. Sie konnten sich auch nicht vorstellen, dass Franz durch Verzicht und Entbehrung nicht etwas verliert, sondern etwas gewinnt. Was er verliert, darauf verzichtet er gern: Sicherheit, Wohlstand, Bequemlichkeit, soziale Anerkennung, Prestige, wirtschaftlicher Erfolg. Was er zurückgewinnt, ist eine natürliche Freude an der Schöpfung, ist die Entdeckung der Einfachheit, ist ein von Konkurrenzdenken, Sozialneid und Ausbeutung unbeschwertes Verhältnis zum Mitmenschen, ist eine Gemeinschaft von Freunden, mit denen er beten, lachen, singen kann.

Der Kardinal und der Papst täuschten sich auch, als sie Franz ketzerischer Ansichten verdächtigten, weil er nicht in einen bestehenden Orden eintreten wollte und sich damit der »Obhut« der Kirche entzog. Sicher hat Franz von den kirchenkritischen Bewegungen seiner Zeit viel mitbekommen und wurde von ihnen beeinflusst. Aber er unterscheidet sich auch von ihnen, vor allem von den Katharern. Diese predigen wie er Armut und Bescheidenheit. Doch für sie ist die Welt ein Kampfplatz zwischen Gut und Böse. Sie glauben, dass eine teuflische Macht die materielle Welt erschaffen hat, und es gilt, sich von ihr zu befreien. Eine kleine Elite von Vollkommenen, *Perfecti* genannt, hat dieses Ziel erreicht. Die Mehrzahl der Anhänger ist unvollkommen und muss ihre Unabhängigkeit von weltlichen Dingen erst beweisen, um dann durch einen Ritus in den Kreis der Erlösten aufgenommen zu werden.

Nichts lag Franz ferner, als in seiner Gemeinschaft eine Rangordnung aufzubauen und sich als Vorbild hinzustellen. Niemals würde er sich über andere erheben oder als Führer auftreten. Er nennt sich und seine Gefährten jetzt »Minderbrüder«[74], um auszudrücken, dass keiner über dem anderen steht. Im Gegenteil: Jeder soll lernen, dem anderen zu gehorchen, aber nie aus Zwang, immer freiwillig. Und nichts ist Franz fremder als die Weltverachtung der Katharer. Wenn er in seinem Testament schreibt, dass er die Welt verlassen habe[75], dann meint er nicht die natürliche Welt, sondern die Welt, in der er den ersten Teil seines Lebens verbracht hat. Es ist nicht die Welt, die er hinter sich gelassen hat, sondern eine bestimmte Art zu leben. Erst dadurch hat er die Welt, ihre Schönheit und Erhabenheit, richtig entdeckt. Am Ende seines Lebens wird Franz von Assisi sein Augenlicht verlieren. Doch in einem Lied wird er das Sichtbare, Erfahrbare besingen, die Sonne, die Wolken, den Wind, den Mond, die Sterne, das Wasser.[76]

~

Der *Sonnengesang* des Franz von Assisi war für mich immer eine Einladung, ins Freie, Weite zu gehen. Er war auch ein Anstoß für meine Wanderung. Auf dem Franziskusweg habe ich in einer ersten Etappe das Valle Umbra durchquert. Die Wege gingen durch Ölbaumhaine, Felder, Wiesen und Obstplantagen. Sonne habe ich genug abbekommen. Meine Unterarme sind schon braun und trotz Mütze spüre ich im Nacken einen Sonnenbrand. Die Menschen, denen ich unterwegs begegnete, waren von überwältigender Freundlichkeit. Wenn ich um Wasser für meine Flasche bat, wurde ich zum

Espresso eingeladen. Man wollte immer wissen, wo ich herkomme, und wenn ich »Monaco« sagte, gab es ein großes »Ahhh!«. Erstaunlich, wie viele Italiener schon in München auf dem Oktoberfest, auf der »Festa della birra«, waren.

Jetzt sitze ich auf den Stufen der Kirche San Filippo Neri in Spoleto und esse den Rest meines Reiseproviants, Käse und Brot. Ich bin erschöpft, verschwitzt, meine Schultern sind verspannt und ich habe Hunger. Es ist sechs Uhr nachmittags und immer noch sehr heiß. Ich erkundige mich im Tourismusbüro nach einer Übernachtungsmöglichkeit. Doch die freundliche junge Frau muss mich enttäuschen. Eine Pension oder ein Fremdenzimmer hat sie nicht. Wegen Corona hat fast alles geschlossen. Nur einige Hotels sind geöffnet. Sie telefoniert lange und findet für mich ein Hotelzimmer in der Nähe der Piazza della Libertà. Ich habe mir eigentlich vorgenommen, nur in billigen Pensionen und Klöstern zu übernachten. Aber nun muss ich wohl in einer nobleren Herberge bleiben. Franz wird es mir hoffentlich verzeihen. Auch, dass ich jetzt eine Dusche brauche und mir ein Bier gönne. Morgen will ich wieder früh losziehen. Eine hügelige Landschaft liegt vor mir und es soll wieder sehr heiß werden.

VII.

Rosen im Winter

In vielen Lebensbeschreibungen des Mannes aus Assisi begegnet einem ein Franz, der ständig seine Augen zum Himmel gerichtet hat, nur erbauliche Reden hält und ein Wunder nach dem anderen vollbringt. Man fragt sich, warum Franz zu einem abgehobenen Heiligen gemacht werden muss, um ein Vorbild zu sein. Ist der Mensch Franz von Assisi in seinen Kämpfen, seiner Gottsuche, mit seinem bewundernswerten Starrsinn, seiner fröhlichen Verrücktheit und ja, auch seinen Fehlern nicht viel anziehender und vorbildlicher als eine geglättete und verklärte Heiligenfigur? Warum macht man aus Franz ein übermenschliches Wesen, das mit uns nichts mehr gemeinsam hat? Mag sein, dass uns eine solche Lichtgestalt Ehrfurcht einflößt, eine überzeugende Kraft hat sie nicht mehr.

Der italienische Regisseur Roberto Rossellini wollte Franz von Assisi diese Kraft wiedergeben. In seinem Film *Franziskus, der Gaukler Gottes* zeigt er ihn realistisch, ohne ihm die besondere Ausstrahlung zu nehmen, die von ihm ausging.[77] In betont einfachen Bildern sieht man Franz und seine Gefährten wie eine Schar fröhlicher Kinder durch die Landschaft ziehen. Sie hausen in Hütten aus Lehm und Zweigen und versammeln sich in einer kleinen Kapelle, deren einziger Schmuck ein schlichtes Holzkreuz und ein Glockenkranz sind. Obwohl Franz schon eine Tonsur trägt, also den Segen des Papstes hat, tritt er nicht auf wie ein Auserwählter oder Anführer. Im Gegenteil – er hat sich einen Reisigbesen besorgt und kehrt den Boden vor der Kapelle.

Franz trug oft einen Besen mit sich, um die Kirchen der Umgebung zu säubern. Bei ihm ist es keine zur Schau gestellte Bescheidenheit, sondern es entspricht seiner Einstellung als Minderbruder, dass keine Arbeit, keine Verrichtung zu minderwertig ist. Für Martin Luther King ist es eine religiöse Dimension des Lebens, jede Arbeit, und sei sie noch so geringfügig, so gut wie möglich zu machen. Wer eine Straße fegt, so King, sollte das so ernsthaft und würdig machen wie ein Künstler, der ein Bild malt, oder ein Musiker, der ein Stück komponiert.[78] Der Besenträger Franz erinnert an den Straßenkehrer Beppo in Michael Endes Roman *Momo*. Beppo zieht jeden Morgen los, um die Straßen der Stadt zu kehren. Momo verrät er sein Geheimnis: »Man darf nie an die ganze Straße auf einmal denken, verstehst du? Man muss nur an den nächsten Schritt denken, an den nächsten Atemzug, an den nächsten Besenstrich. Und immer wieder nur an den nächsten […]. Dann macht es Freude; das ist wichtig, dann macht man seine Sache gut. Und so soll es sein."[79]

Aus Rossellinis Film erhält man einen Eindruck davon,

wie hart das Leben der Minderbrüder gewesen sein muss. In einer ersten Einstellung geht die Gruppe im strömenden Regen barfuß durch die aufgeweichten Wege. Ihre zerschlissenen, geflickten Kutten sind durchnässt und von Schlamm verdreckt. Als sie in einem Stall Unterschlupf suchen, werden sie von einem Bauern mit einem Prügel verjagt. In dieser Szene bezieht sich der Film auf Berichte von Ereignissen, die sich wohl nach dem Rombesuch zugetragen haben. Franz und seine Freunde kehren zurück in die Gegend von Assisi. Einen festen Platz haben sie nicht. Auch die Hütte bei der Portiuncula-Kapelle war nur eine Zwischenlösung.

Nahe Assisi entdeckten sie einen leer stehenden Schuppen an einem Bach, der dem Ort seinen Namen gibt: Rivotorto.[80] Die Hütte ist so klein, dass sie sich eng nebeneinanderlegen müssen, was immerhin den Vorteil hat, dass sie sich gegenseitig wärmen können. Damit es keine Drängelei gibt und jeder seinen festen Platz hat, schreibt Franz auf den Balken über ihren Köpfen ihre Namen. Das Dach ist nicht dicht, und wenn es regnet, tropft es auf die Bewohner herab. Hinzu kommt, dass im Herbst der Bach über die Ufer tritt und das Wasser auch vor dem Schuppen nicht haltmacht. Das alles scheint die kleine Gemeinschaft nicht groß zu stören. Sie waren, so heißt es bei Celano, »von keiner Furcht befangen, von keiner Sorge zerstreut und sahen ohne alle Besorgnis dem kommenden Tag entgegen«.[81]

Wenn nur der Hunger nicht wäre. Tagsüber ziehen sie umher und bieten ihre Hilfe bei Arbeiten an. Dafür bekommen sie ein Stück Brot, eine dünne Suppe oder die Erlaubnis, auf den Äckern eine liegen gebliebene Rübe mitzunehmen. Mit den wenigen Lebensmitteln müssen sie sorgsam haushalten, damit es jeden Tag zumindest für eine kleine Mahlzeit reicht. Manchmal allerdings müssen sie sich am Abend mit leerem Magen auf ihre Plätze legen. Eines Nachts, als alle fest zu schlafen scheinen, werden sie geweckt von lautem Jammern.[82] Es ist ein Mitbruder, der so hungrig ist, dass er glaubt, sterben zu müssen. Franz lässt sofort zusammentragen, was an Essbarem da ist, und fordert alle zum Mitessen auf. Das ist ein Akt der Solidarität, der Franz wichtig ist. Bekäme nur der klagende Bruder zu essen, hätte der ein schlechtes Gewissen, weil er sich vorwirft, den anderen etwas wegzunehmen, oder weil er das Gefühl hat, dem harten Leben nicht gewachsen zu sein und versagt zu haben. So nehmen alle Anteil an seiner Not. Keiner wird ausgeschlossen, keinen trifft ein Vorwurf.

So wie in dieser Szene macht Franz auch bei anderen Gelegenheiten deutlich, dass er nichts davon hält, wenn Entbehrung zur Qual wird. Wer in seiner Gemeinschaft hungert oder friert, der sollte solche Einschränkungen immer freiwillig und gerne auf sich nehmen, weil er weiß, dass er dadurch seine Unabhängigkeit und Freiheit bewahrt. Verzicht sollte immer mit einem Gewinn an Lebensfreude und Glück verbunden sein, nie nur Leiden, Opfer, Verlust und Überwindung bedeuten. Nach dem Zeugnis seiner Freunde hat Franz darum jene Mitbrüder getadelt, »die allzu streng gegen sich waren«[83] und glaubten, sich dadurch hervortun zu können oder ihre Frömmigkeit zu beweisen. Franz schien es, als ob diese Brüder, die so unmäßig fasteten oder sich selbst Schmerz zufügten, sich selbst hassen würden. Das widersprach der Lebenslust der »Gaukler Gottes«[84] und vor allem widersprach es dem Geist der Gleichheit, der zwischen den Brüdern herrschen sollte. Keine Hierarchie sollte es geben, weder im Besitz noch in der Macht noch im Ansehen noch in der Frömmigkeit. Das war eine Utopie, aber eine gelebte Utopie!

Franz wäre mit seinen Minderbrüdern gerne noch in der Hütte in Rivotorto geblieben. Ein Bauer hatte etwas dagegen. Eines Tages stand er vor der Tür und trieb seinen Esel an, in die Hütte zu gehen. Offenbar wollte er, dass das Tier in den Schuppen scheißt, um die ungebetenen Eindringlinge zu verjagen. Die Minderbrüder warteten nicht ab, bis der Esel den Wunsch des Bauern erfüllte, sondern zogen sich freiwillig zurück. Aber wohin jetzt? Einen festen Wohnsitz wollten und brauchten sie nicht. Aber doch einen Ort, wohin sie nach ihren Wanderungen zurückkehren, wo sie sich treffen konnten. Einen Ankerplatz für Heimatlose sozusagen. Eine Anfrage bei Guido, dem Bischof von Assisi, blieb erfolglos. Der Bischof hatte kein Haus oder eine Kirche für sie. Aufgeschlossener waren da schon die Benediktinermönche vom Monte Subasio. Sie hatten nicht vergessen, dass Franz die Portiuncula-Kapelle wiederhergerichtet hatte, und stellten sie nun ihm und seiner Gemeinschaft zur Verfügung. Nicht als Geschenk, denn Besitz wollte Franz nicht, sondern als Leihgabe oder Pacht. Dafür erhielten sie einmal im Jahr einen Korb Fische, für den sich die Mönche wiederum mit einem Krug Olivenöl bedankten.

Die strohgedeckte Hütte, die Franz mit seinen ersten Begleitern vor zwei Jahren neben der Kirche errichtet hatte, stand noch, obgleich von Wind und Wetter zerzaust. Sie wurde nun ausgebessert und noch weitere mussten daneben gebaut werden, denn die Gemeinschaft wuchs stark. Immer wieder kamen Leute, die auch zu den »geringen Brüdern« gehören wollten. Dieser Zustrom hing sicher damit zusammen, dass die neue Bewegung vom Papst genehmigt war. Rasch hatte sich herumgesprochen, wie erbarmungslos das päpstliche Heer in Norditalien und Südfrankreich versuchte, die Katharer und Waldenser auszurotten. Sogar Tote wurden noch verurteilt, aus den Gräbern geholt, an den Galgen gehängt und dann verbrannt. Wer sich zu den Idealen dieser Armutsbewegungen hingezogen fühlte, konnte sich jetzt Franz anschließen, ohne fürchten zu müssen, auch verfolgt zu werden.

Ein weiterer Grund für die zunehmende Beliebtheit der Minderbrüder war, dass jeder aufgenommen wurde und niemand besondere Leistungen erbringen oder sich, wie bei den Katharern, in eine geistliche Hierarchie eingliedern musste. Nur selten wies Franz einen Bewerber ab, weil er sich nicht oder nur halbherzig von seinem Eigentum trennen wollte oder meinte, ihm stünden aufgrund seiner vorherigen sozialen Stellung Sonderrechte zu. Nicht zuletzt war es die Persönlichkeit von Franz selbst, die so anziehend war. Jeder Dünkel war ihm fremd. Er war kein »Guru« und hielt sich nicht für »perfekt« wie die Führer bei den Katharern. Eigentlich war er überhaupt kein Führer. Er wollte sich nicht von seinen Brüdern unterscheiden. Wenn er so etwas wie eine natürliche Autorität ausstrahlte, dann weil er ganz offenbar lebte, was er sagte, und das machte ihn glaubwürdig.

Franz befand sich in einer Zwickmühle. Er wollte seine Ideale nicht aufgeben und zugleich einen Konflikt mit der Kirche vermeiden. Sich mit der Kirche anzulegen oder sie gar zu bekämpfen, war aussichtslos. Es wäre ihm ergangen wie den Katharern oder Waldensern. Früher oder später wäre seine Bewegung ausgelöscht worden. Er musste also versuchen, seine Utopie einer neuen Gemeinschaft zu verwirklichen und sich dabei geschickt dem Zugriff der Kirche entziehen. Denn dass man versuchen würde, ihn und seine Minderbrüder in das bestehende kirchliche System einzubinden, damit konnte er rechnen. Wie ein Fisch, der in Freiheit bleiben will, musste er versuchen, durch ein engmaschiges Netz zu schlüpfen.

Immerhin hatte Franz nun vom Papst die Erlaubnis zu predigen. Wie und worüber sollte er predigen? Er hatte keine Ahnung.

Wie man predigt, hat er nie gelernt, und er ist theologisch ungebildet, ein »Idiot«, wie er sich selbst nennt. Er hat Priester predigen hören, aber die sind für ihn kein Vorbild. Er fühlt sich nur an seinen »inneren Auftrag« gebunden, sich »wie ein neuer Verrückter« in der Welt zu verhalten.[85] Und das macht er nun auch.

Aus verschiedenen Berichten kann man folgern, dass er zunächst in kleinen Orten der Umgebung zu den Leuten geredet hat, übungshalber sozusagen. Diese Versuche waren erfolgreich. Die Leute hörten ihm nicht nur zu, er konnte sie mit seinen Worten berühren. Franz sprach ihre Sprache, einen umbrischen Dialekt des Altitalienischen, und er redete über Gott und die Welt in einer Weise, wie sie es bisher nicht kannten.

Bald scheint er sich seiner Sache so sicher gewesen zu sein, dass er den Bischof Guido bat, in einer Kirche in Assisi predigen zu dürfen. Der erlaubte es. Man kann sich vorstellen, was für eine Sensation das war. Der Tuchhändlersohn, den man für geistig verwirrt gehalten hat, kommt nun in seine Heimatstadt zurück als vom Papst anerkannter Prediger! Viele Chronisten haben aus diesem Auftritt ein bombastisches Ereignis gemacht: Das Volk strömt in Scharen herbei und Franz hält eine furiose Rede, die »rasende Begeisterung«[86] auslöst. Das ist das Bild eines

Volkstribuns, eines wortgewaltigen Propheten. Zu einem »Gaukler Gottes« passt das nicht. Der tritt anders auf.

Merkwürdig ist, dass man nicht weiß, was Franz gepredigt hat. Keines seiner Worte ist überliefert, höchstens solche, denen man anmerkt, dass man sie ihm in den Mund gelegt hat. Dennoch kann man aus seinem Verhalten und aus sonstigen Bemerkungen einiges über den Inhalt seiner Predigten folgern. Franz hat seine Gefährten immer wieder ermahnt, »keinen Menschen zu verurteilen«, auch wenn er ein Leben führt, wie sie selbst es ablehnen, wenn er also einen Beruf und Familie hat, Geld verdient und vielleicht sogar reich ist und in Luxus lebt.[87] Auch solche Menschen sind für Franz Kinder Gottes, und niemand sollte sich anmaßen, über sie zu urteilen. Sehr wohl konnte er als zorniger Bußprediger auftreten, der den Leuten ihre Sünden und Verfehlungen vorwirft. Allerdings kann man annehmen, dass es ihm wichtiger war, über seine eigene Gotteserfahrung zu sprechen, über das, was ihn erfüllte, was ihn glücklich machte: über einen liebenden Gott, über das Glück der freiwilligen Armut, über die Schönheit der Schöpfung, über die Dankbarkeit, ohne alle Sorgen und Nöte unter Gottes Himmel zu leben.

All das ist auch enthalten im *Sonnengesang* und der ist eigentlich eine gesungene Predigt. Dass ansonsten niemand eine von Franz' Ansprachen aufgeschrieben hat und sich niemand an den Inhalt erinnert, sagt allerdings viel darüber aus, wie er sprach und auf andere wirkte.

Bezeichnend ist der Bericht eines Arztes, der ein so gutes Gedächtnis hatte, dass er sich Predigten wörtlich merken konnte.[88] Als er Franz predigen hörte, war er beeindruckt. Doch als er sich später an das, was er gehört hatte, nochmals erinnern wollte, fielen ihm zwar die Wörter ein, aber jeder Zauber war dahin. Der Sinn war verloren. Anscheinend ist es so, dass alles, was Franz sagte, ganz an seine Person gebunden war. Die Worte allein waren leer.

Auf seine spontanen Predigten trifft wohl zu, was der Dichter Heinrich von Kleist die »allmähliche Verfertigung der Gedanken beim Reden« genannt hat.[89] Eine Rede ist demnach überzeugend, wenn sie, wie Kleist sagt, ein »lautes Denken« ist. Im Fall von Franz von Assisi müsste man von einem »lauten Glauben« sprechen. Mit anderen Worten: Er ist im Moment des Sprechens ganz erfüllt von dem, was er glaubt. Sprechen, Denken und Glauben sind eins. Darum wirken Reden oft so schal und blutleer, wenn sie verfasst sind und nur noch abgelesen oder vorgetragen werden. Eben das wurde von Franz auch einmal erwartet, als er in späteren Jahren wieder beim Papst vorgeladen war. Der wollte ihn predigen hören, um zu verstehen, warum die Leute ihm nachlaufen. Da man nun Angst hatte, dass dieser Auftritt für alle peinlich werden und sich der ungebildete Minderbruder bis auf die Knochen blamieren könnte, setzte man ihm eine ausgefeilte Ansprache vor.

Franz hielt sich nicht daran, sondern predigte nach seiner Art. Was er sagte, weiß man nicht. Überliefert ist jedoch, dass er während des Sprechens anfing, zu tanzen und herumzuhüpfen.[90] Worte reichten ihm nicht mehr und er musste sich mit seinem Körper ausdrücken. Man könnte auch sagen, er war ein »Performer«, der seine Botschaft wie ein Theaterstück aufführte. So predigte er einmal in einer Kirche in Unterhosen. Ein andermal, bei einer Weihnachtsfeier, benahm er sich wie ein Schaf und blökte laut. Wieder bei einer anderen Gelegenheit sagte er gar nichts und streute sich nur wortlos Asche über den Kopf. Diese Auftritte waren sein Protest gegen jene Kirchenmänner, die erwarten, dass man ihnen glaubt und sie ehrt, nur weil sie ein Amt innehaben, besondere Gewänder tragen oder Latein reden können. Franz dagegen verzichtete auf diese äußeren Merkmale von Autorität. Ihm ging es allein um die Erfahrung hinter den Wörtern, um die Resonanz der biblischen Worte in seinem Innern. Er müsse, so soll er einmal gesagt haben, erst »innerlich warm« werden, sonst kämen nur kalte Worte aus seinem Mund.[91]

Wie die Bewohner von Assisi auf den Prediger Francesco Bernardone reagiert haben, ist nicht bekannt. In den Kirchen des Mittelalters gab es keine Bänke oder Stühle. Die Leute standen, und wenn sie zeigen wollten, was sie von einer Predigt hielten, klatschten oder buhten sie. Ob wohl sein Vater unter den Zuhörern war? Oder seine Mutter? Vielleicht verdeckt hinter einer Säule?

Ein größeres Bedürfnis, Francesco zu sehen und zu

hören, hatte eine junge, etwa siebzehnjährige Frau. Sie hieß Chiara di Offreduccio und war die Tochter des sehr reichen und angesehenen Adligen Favarone di Offreduccio und seiner Frau Ortolana. Chiara hatte schon als kleines Mädchen neugierig zugehört, wenn man sich in der Familie die neuesten Geschichten über das skandalöse Verhalten des Tuchhändlersohns erzählte. Anders als ihre empörten Eltern war ihr dieser rebellische junge Mann sehr sympathisch. Später, als Franz die Kirche San Damiano restaurierte, hat sie ihm angeblich heimlich für seine Arbeit Geld zukommen lassen.

Doch mit solchen Behauptungen muss man vorsichtig sein. Chiara, im Deutschen Klara genannt, wurde zwei Jahre nach ihrem Tod, im August 1255, zur Heiligen erklärt. Dem ging ein Verfahren voraus, bei dem viele Menschen befragt wurden, die sie mehr oder weniger gut gekannt hatten.[92] Das meiste, was man von ihr weiß, stützt sich auf jene Berichte. Da dieser Prozess das Ziel hatte, Klara heiligzusprechen, und die Zeugen natürlich ein vorteilhaftes Bild von ihr abgeben wollten, muss man deren Aussagen auch kritisch betrachten. Wo die »wirkliche Klara« hervortritt und wo es sich nur um fromme Verklärung handelt, ist oft schwer zu unterscheiden.

Das gilt noch mehr von einer Lebensbeschreibung Klaras, die vermutlich von Thomas von Celano verfasst wurde. Darin stattet Celano Klara mit allen Eigenschaften aus, wie sie nach kirchlicher Lehre eine Heilige haben muss.[93] Bei allen fragwürdigen Erzählungen, die sich um Klara von Assisi ranken, ist doch eine Sache sicher: Franz und Klara haben sich ineinander verliebt. Was das für eine Liebesgeschichte war, über diese Frage wird bis heute gestritten.

Einig ist man sich dagegen, dass Klara eine sehr gebildete junge Frau war, gebildeter jedenfalls als Franz. Ihre Briefe sind nicht so voller Fehler wie die seinen. Sie konnte nicht nur die lateinische Bibel lesen, sondern auch die Werke lateinischer Autoren wie Horaz. Gerade weil Klara so gebildet und klug war, wäre es verständlich, wenn sie unter dem Frauenbild ihrer Zeit gelitten hat. Mochte sie noch so begabt sein – was ihr bevorstand, war ein Leben als Ehefrau und Mutter. Junge Mädchen galten mit zwölf Jahren als heiratsfähig. Der zukünftige Ehemann wurde in Chiaras adligen Kreisen natürlich vom Vater bestimmt. Und nicht selten war der Auserwählte sehr viel älter als die junge Braut.

Für eine Ehefrau und Mutter galt das »Ideal häuslicher Zurückgezogenheit«[94]. Sie war an Haus und Küche gebunden und sollte viele Kinder bekommen. Ein selbstbestimmtes Leben oder das Studium an einer Universität waren undenkbar. Reisen durfte sie höchstens, wenn sie zusammen mit anderen Pilgern Wallfahrten zu christlichen Pilgerstätten machte. So unternahm auch Chiaras Mutter solche Reisen, um sich dem »ehelichen Joch« zu entziehen. Ist es angesichts dieser Aussichten nicht verständlich, wenn Klara Franz bewunderte oder beneidete, der mit den starren Regeln seiner bürgerlichen Klasse gebrochen hatte und nun ein freies Wanderleben führte? Dass Klara, die ungewöhnlich schön gewesen sein soll, mit siebzehn Jahren noch nicht verheiratet war, ist verwunderlich. Hat sie sich dagegen gewehrt? War sie vielleicht schon versprochen und stand eine Heirat kurz bevor?

Chiaras Sehnsucht, der bedrückenden Enge ihres Frauendaseins zu entkommen, wurde verstärkt durch ihren Cousin Rufino, der ebenfalls von Franz fasziniert war und es gewagt hatte, den für ihn vorbestimmten Lebensweg eines Adligen zu verlassen und sich den Minderbrüdern anzuschließen. Der schüchterne Rufino wurde zu einem der engsten Vertrauten von Franz. Er hat ihm bestimmt viel von seiner Cousine Chiara erzählt und ihrem Wunsch, ihn kennenzulernen. Rufino war es sicher auch, der zwischen Francesco und Chiara vermittelte und ein Treffen der beiden einfädelte. Zu dem Treffen, von dem die Verwandtschaft nichts wissen durfte, wurde Chiara von ihrer Freundin Bona de Guelfuccio begleitet. Bona hat später berichtet, dass es nicht bei einer Begegnung geblieben ist.[95] Offenbar ließen sich diese Treffen nicht ganz geheim halten. Bald gab es Gerüchte.

Franz musste sich nun überlegen, wie er mit diesen Gerüchten umgehen und wie er sich weiter zu Klara verhalten sollte. Klara wiederum war fest entschlossen, aus ihrer Familie zu flüchten. Franz konnte und wollte sie nicht davon abbringen. Aber wo sollte sie hin? Franz konnte sie nicht bei sich aufnehmen. Die Katharer wurden auch deswegen von der Kirche verfolgt, weil sie mit Frauen durchs Land zogen und Frauen bei ihnen mit wichtigen Aufgaben betraut wurden. Das war mit der Auffassung der Kirche über die Stellung der Frau nicht vereinbar. Franz wäre sofort als Ketzer gebrandmarkt worden, hätte er gegen diese Lehrmeinung verstoßen. Er steckte wieder in einer Zwickmühle. Er liebte Klara, durfte aber nicht mit ihr zusammen sein.

Was Franz und Klara füreinander fühlten, das erfährt man nicht aus den Schriften, die Franz mit allen Mitteln zum Heiligen machen wollen. Einige Autoren geben sich die größte Mühe, zu beweisen, dass ihre Zuneigung »rein«, »unschuldig« und ohne jede sinnliche Leidenschaft war, engelsgleich sozusagen. Der Schriftsteller Julian Green findet es gar empörend, überhaupt auf den Gedanken zu kommen, dass die beiden sich körperlich zueinander hingezogen fühlten. Er glaubt zu wissen, dass ein solches Begehren bei beiden nur »in den tiefsten Tiefen des Unbewussten« existierte.[96] Diese Verdrängung von angeblich sündhaften Gefühlen in die gut verschlossenen Kammern des Unbewussten ist wohl ein Grund dafür, warum viele »Kleriker«[97] ein gestörtes Verhältnis zu ihrer Sexualität haben und gerade im Umgang mit Kindern und Jugendlichen so viel Leid und Schaden verursachen.

Bei der Frage nach den Gefühlen, die Franz und Klara

verbanden, hält man sich besser an die volkstümlichen Legenden, die sogenannten *Fioretti di San Francesco.* Diese zeigen die beiden zwar auch in einem verklärenden Licht, vergessen aber dabei deren menschliche Seite nicht. Ähnlich wie Märchen sind die *Fioretti* Erzählungen, die mithilfe einer poetischen Sprache eine innere Wahrheit zum Ausdruck bringen. Man darf sie also nicht wörtlich nehmen, sondern muss sie danach befragen, welche seelischen Vorgänge sich hinter den geschilderten Ereignissen verbergen.

~

Auf meiner Wanderung bin ich bei Macerino, einem kleinen Ort auf einem Hügel zwischen Spoleto und Trevi, angelangt. Es ist Mittag, die Sonne steht hoch am Himmel und ich lege mich in den Schatten von Bäumen an einem Wiesenrand. Seit fast vier Stunden bin ich unterwegs. Nach Madonna di Baiano ging es durch eine hügelige Landschaft mit wunderbaren Wäldern. Nur selten bin ich Menschen begegnet. In Perchia habe ich bei einem *Castello* nach dem Weg gefragt und wurde sofort von dem Verwalterehepaar zu einem Espresso eingeladen. Der freundliche Mann zeigte mit weit ausgestrecktem Arm auf ein Bergdorf in der Ferne. Das war Fogliano. »*Due ore*«, meinte er, also zwei Stunden würde ich bis dahin brauchen.

Fogliano liegt nun schon hinter mir. Auf meinem Wiesenplatz packe ich meine Wasserflasche, Brot und Käse aus. Während ich esse und trinke, lese ich in meinem Büchlein eine Legende von Franz und Klara. Sie spielt an einem kalten Wintertag, was ein schöner Kontrast ist zur Sommerhitze auf meiner Wiese. Es wird erzählt, wie die beiden bei Schnee und eisigem Wind unterwegs sind und Zuflucht suchen in einem Haus, wo sie um Brot und Wasser betteln. Die Bewohner flüstern sich etwas zu und machen versteckte Anspielungen und dreckige Witze. Und so gehen sie bedrückt wieder hinaus in die Kälte. Franz fragt Klara, ob sie verstanden habe, was die Leute über sie sagten. Klara kann nicht antworten, weil sie sonst in Tränen ausbrechen würde. Schließlich meint Franz, dass es Zeit sei, sich zu trennen. Sie wollen in verschiedene Richtungen auseinandergehen.

Und so wird die Geschichte weitererzählt: »Da warf sich Klara mitten auf dem Weg in die Knie. Nach einer Weile hatte sie sich gefasst, stand auf und ging gesenkten Hauptes weiter, ohne rückwärts nach ihm zu schauen.

Der Weg führte durch einen Wald. Auf einmal aber hatte sie nicht mehr die Kraft, so ohne Trost und Hoffen, ohne ein Abschiedswort von ihm zu gehen. Sie wartete. ›Vater‹, sagte sie, ›wann werden wir uns wiedersehen?‹

›Wenn der Sommer wiederkommt, wenn die Rosen blühen!‹

Da geschah etwas Wunderbares. Auf einmal war ihnen, als blühten ringsum auf den Dolden der Wacholdersträucher und auf den von Reif bedeckten Hecken eine Unzahl von Rosen …

Nach dem ersten Staunen eilte Klara hin und pflückte einen Strauß von Rosen und legte ihn Franz in die Hände. Von diesem Tag an waren Franz und Klara nie mehr getrennt.«[98]

Winter, Schnee und Kälte verweisen in dieser Geschichte auf eine Gesellschaft, die auf eine unerlaubte Liebe mit bösen Gerüchten, Unverständnis, übler Nachrede und Hass reagiert. Und was die Rosen bedeuten, das überlasse ich der Fantasie des Lesers, der Leserin.

Nach der Pause gehe ich weiter und komme schon bald auf einen Bergsattel mit einer Wegscheide. Links führt eine Teerstraße nach Terni. Ein windschiefer Wegweiser zeigt nach rechts auf einen schmalen Pfad, der sich zwischen Büschen verliert. *Romita,* ist mit Pinselstrichen darauf gemalt. Da will ich heute noch hin!

VIII.

Verbunden mit der lebendigen Welt

Die Flucht war geplant.[99] Die Nacht vom 28. auf den 29. März 1211 wurde dafür festgesetzt. Durch den Haupteingang, der auf einen großen Platz hinausging, konnte Chiara ihr Elternhaus nicht verlassen. Man hätte sie bemerkt. So schlich sie sich zu einer Hintertür und musste erst Holzstapel und Steine beiseite räumen, um ins Freie zu gelangen. Sie lief in der Dunkelheit zur Portiuncula-Kirche, wo Francesco und seine Freunde schon mit Fackeln auf sie warteten. Angeblich schnitt Francesco ihr die Haare ab, was – wenn es denn stimmt – er wohl tat, um sie als gottgeweihte Frau zu kennzeichnen und damit auch für ihre Familie deutlich zu machen, dass ihr Entschluss endgültig war und es für sie kein Zurück mehr gab.

Es spricht viel dafür, dass Chiara hoffte, bei Francesco bleiben zu können. Doch er musste sie enttäuschen. Eine Frau in seiner Gemeinschaft, noch dazu eine, von der bekannt war, wie nahe sie ihm stand, das war unmöglich. Die Familie Offreducció hätte ihn verfolgt, den Schutz der Kirche hätte er verloren. Doch wo konnte er Chiara auf Dauer unterbringen? Eine vorläufige Lösung war ein vier Kilometer entferntes Kloster der Benediktinerinnen. Noch in der Nacht brachte man sie dorthin. Nur ungern wollten sie die Nonnen für ein paar Tage aufnehmen. Chiara bat nicht darum, als Novizin aufgenommen zu werden. Sie wollte, wie auch Francesco, keinem der bestehenden Orden beitreten.

Eine entflohene Adlige zu verstecken, war für die Nonnen eine heikle Sache. Sie fürchteten Scherereien. Ihre Sorge war berechtigt. Nach vier Tagen hatte die Familie Offreduccio herausgefunden, wo Chiara steckte, und schickte Verwandte zur Abtei. Offenbar waren sie besorgt um die Ehre der Familie und vielleicht noch mehr um das Erbe Chiaras. Die Männer verschafften sich Zutritt und verlangten energisch die Herausgabe ihres Familienmitgliedes. Die Priorin stellte sich ihnen nicht entgegen, und nur, weil Chiara sich mit Händen und Füßen wehrte und ihre geschnittenen Haare zeigte, gaben die Männer ihr Vorhaben vorläufig auf.

In einem Kloster, wo man sie wie einen lästigen, ungebetenen Gast behandelte, wollte Chiara nicht länger bleiben. Sie ließ sich von Francesco und zwei seiner Brüder zu einem anderen Konvent der Benediktinerinnen bringen, der nahe Assisi, am Osthang des Monte Subasio, lag. Schon nach wenigen Tagen drohte neuer Ärger. Agnes, die fünfzehnjährige Schwester Chiaras, stand vor der Klosterpforte. Sie war von zu Hause ausgebüxt und wollte zu Chiara. Wie zu erwarten, rückte kurz darauf eine Abordnung der Familie an. Es waren nicht weniger als zwölf

Männer, fest entschlossen, sich dieses Mal nicht abwimmeln zu lassen.

Auf Verhandlungen ließen sie sich erst gar nicht ein. Sie stürmten in das Kloster, packten Agnes und schleiften sie an den Haaren den Abhang hinunter. Dass diese gewaltsame Entführung letztlich doch misslang, wird im mittelalterlichen Bericht mit einem Wunder erklärt. Demnach wurde Agnes schwer wie Blei und niemand konnte sie mehr wegtragen. Will man ihre Rettung auch ohne Wunder verstehen, kann man annehmen, dass sie ohnmächtig wurde und die rabiaten Männer es mit der Angst zu tun bekamen, das Mädchen womöglich schwerer verletzt zu haben. Ihr Onkel Monaldo wollte sich mit dem Scheitern nicht abfinden und Agnes lieber tot sehen als lebendig zurücklassen. Er war nahe daran, Agnes zu erschlagen, aber im letzten Augenblick fiel ihm jemand in den Arm. Unter Flüchen und Drohungen zogen die Männer wieder ab und Agnes konnte bei ihrer großen Schwester bleiben.

Nach diesen aufregenden Ereignissen wurde es Zeit, für die beiden Schwestern eine dauerhafte Bleibe zu finden. Mit Erlaubnis des Bischofs Guido brachte Franz die beiden Frauen in der Kirche San Damiano unter, wo sie vor den Zugriffen ihrer Familie sicher waren. Bald schlossen sich weitere Frauen den Schwestern an, und als Franz versprach, für diese »Frauenkommune«[100] zu sorgen, und sie verpflichtete, so wie er nach dem Ideal der Armut zu leben, akzeptierte die Gemeinschaft San Damiano als ihre klösterliche Heimat.

Klara ahnte sicher nicht, dass sie die restlichen Tage ihres Lebens hier verbringen würde. Als sie von zu Hause floh, hatte sie sich ihre Zukunft ganz anders vorgestellt, nämlich als ein freies Leben, wie Franz es führte, mit »Aktivität und Abenteuer«[101]. Nun musste sie einsehen, dass das unmöglich war. Hauptsache für sie war, in Franz' Nähe zu sein. Ob sie sich endgültig damit abfand, zu Franz nur noch eine »geistliche Beziehung« zu haben, wie Volker Leppin es annimmt, mag man bezweifeln.[102] Für den Theologen Helmut Feld, einen der besten Kenner des Franz von Assisi und in seinen Urteilen immer sehr vorsichtig, ist in diesem Fall die Sache klar: Franz war für Klara die Liebe ihres Lebens. Nur wegen ihrer »totalen Liebe« zu ihm, so Feld, habe sie das Leben hinter Klostermauern demütig auf sich genommen, obwohl sie dort, wie er vermutet, »alles andere als glücklich und zufrieden war«.[103]

Franz musste gegenüber Klara zurückhaltend sein, um seine Gemeinschaft nicht zu gefährden, was nicht heißt, dass sie ihm weniger bedeutete als er ihr. Es gibt viele Hinweise dafür, dass er unter diesem erzwungenen Abstand litt. Anfangs half er Klara, sich in San Damiano einzurichten. Danach wurden seine Besuche seltener. Meistens schickte er Mitbrüder hin, um die Frauen zu betreuen und zu versorgen. Klara akzeptierte diese Regelung. Vielleicht war sie zufrieden damit, dass Franz für sie beide eine Freiheit lebte, die ihr als Frau verwehrt war.

In den kommenden zehn Jahren ist Franz die meiste Zeit unterwegs. Es ist die glücklichste Zeit seines Lebens. Überall, wo er hinkommt, eilt ihm sein Ruf voraus und die Leute wollen ihn sehen und reden hören. Sein einfaches Leben ändert er nicht. Essen verdient er sich, indem er auf Feldern und in Hospitälern hilft oder bettelt. Manchmal wird ihm der Rummel um seine Person zu viel. Dann zieht er sich zurück in die Einsamkeit. Nach Wochen, in denen niemand weiß, wo er ist, geht er wieder unter die Leute, predigt, schlichtet Streitigkeiten und kümmert sich zwischendurch um seine Mitbrüder.

Rom, also der Papst und seine Berater, behielten ihn zwar im Auge und verfolgten aufmerksam, wie seine Brüderschaft immer mehr anwuchs, aber man ließ ihn in Ruhe – vorläufig jedenfalls.

In den Jahren 1211 und 1212 durchwanderte Franz Umbrien und die Toskana. Von Florenz zog er weiter nach Pisa, nach San Gimignano, Siena, Chiusi und Cetona. Gemäß seinem Wunsch, dass die Brüder immer zu zweit wandern sollten, ließ sich Franz oft von einem Mitbruder namens Masseo di Marignano begleiten. Die beiden müssen einen witzigen Anblick geboten haben. Denn Masseo war ein groß gewachsener und schöner Mann, während Franz zwei Köpfe kleiner war und durch sein Äußeres niemanden beeindruckte. Franz schätzte Masseo als Begleiter, weil er ein freundliches Wesen hatte und er mit seiner stattlichen Figur allen imponierte. Masseo ging immer ein paar Schritte voran, um mit seiner sanften Art Franz vor allzu aufdringlichen Bewunderern zu schützen.

Masseo konnte es nicht recht begreifen, warum so viele Menschen Franz nachliefen, ihn hören und sehen wollten, wo er doch so schmächtig und unscheinbar, nicht adelig und kein großer Gelehrter war.[104] Franz versuchte ihm zu erklären, dass die Leute ihn vielleicht gerade deswegen lieben und verehren, weil er nichts aus sich macht und das, was er predigt, auch lebt. Masseo war die Wirkung seines Mitbruders auf Menschen geradezu unheimlich und seine Verehrung für Franz wurde immer größer. Franz machte manchmal mit ihm seine Späße, damit er aufhörte, ihn ehrfurchtsvoll wie einen Heiligen zu behandeln.

Einmal, in der Toskana, kamen sie an eine Kreuzung. Auf Masseos Frage, welchen Weg sie einschlagen sollen, meinte Franz, man werde den Weg gehen, den Gott ihnen zeige. Um Gottes Willen zu erforschen, ließ er daraufhin Masseo sich im Kreis drehen, so lange, bis der ganz schwindlig war, torkelte und hinfiel. Er musste aber mit dem Kreiselspiel weitermachen und durfte erst aufhören, als Franz endlich »Halt!« rief. Masseos Gesicht zeigte Richtung Siena und das war dann für Franz der von Gott gewiesene Weg. Beim Weitergehen darf man sich ein verschmitztes Lächeln in Franz' Gesicht vorstellen. Und Masseo wird sich noch lange gewundert haben über die seltsamen Methoden seines allseits verehrten Freundes, Gottes Willen herauszufinden.[105]

Es gibt viele solcher Geschichten, die zeigen, dass es bei den Minderbrüdern oft sehr ungezwungen und lustig zuging. Ein späterer Mitbruder berichtet, dass bei den Gebeten oft einer plötzlich lachen musste und dieses Lachen so ansteckend war, dass alle mitlachen mussten und keiner mehr weiterbeten konnte.[106] Für Franz war der Teufel der Feind der Freude und er sah es nicht gern, wenn ein Mitbruder tagelang mit einem betrübten Gesicht herumlief. Er selbst sorgte manchmal für Stimmung, wenn er mit einem Stück Holz und einen Stecken so tat, als würde er Geige spielen und dazu tanzte.

Für die Musik mit einem richtigen Instrument war allerdings ein Mitbruder zuständig. Er hieß Pacifico und war ein weithin bekannter Dichter und Sänger gewesen, ehe er sich Franz und seiner Gemeinschaft anschloss. So wie Pacifico konnte jeder seine besonderen Fähigkeiten und Begabungen einbringen. Wer ein Handwerk erlernt hatte, sollte es weiter betreiben und das dazu nötige Werkzeug behalten. Als Lohn für die Arbeit durfte alles angenommen werden, nur eben kein Geld. Franz erwartete von allen seinen Mitbrüdern, dass sie arbeiteten, selbst wenn sie nur bei der Weinlese halfen oder Holz und Nüsse sammelten und anboten. Nur in Notfällen sollte Betteln erlaubt sein.[107]

Diese Vorschriften waren aber keine starren Gesetze,

sondern Empfehlungen, Regeln, die durch neue Erfahrungen verändert werden konnten. Die Gemeinschaft sollte eine geisterfüllte, spirituelle sein, was bedeutet, dass Rücksicht genommen wird auf die Schwächen und Stärken der Einzelnen. Und vor allem sollte Barmherzigkeit geübt werden gegenüber solchen Brüdern, die Anforderungen nicht erfüllen konnten. Diese Toleranz führte dazu, dass sehr unterschiedliche Charaktere die Gemeinschaft prägten, hochgebildete Theologen ebenso wie einfache Bauern wie Giovanni. Der ließ seinen Pflug auf dem Feld stehen, wollte seinen wertvollsten Besitz, einen Ochsen, den Armen schenken und ein Minderbruder werden. Den Ochsen gab Franz der Bauersfamilie, die selbst bitterarm war, zurück, Giovanni aber behielt er. Der sah es nun als seine Pflicht an, alles nachzumachen, was Franz tat. Wenn er sich hinsetzte, setzte er sich auch. Wenn er hustete, hustete er auch. Wenn er aß, aß er auch. Weit entfernt, Giovanni dieses Verhalten zu verbieten, konnte Franz darüber lachen und freute sich über diese kindliche Anhänglichkeit.[108]

Ein ganz anderer Typ war Ginepro oder Juniper, was übersetzt »Wacholder« heißt. Er gehörte zu den ersten Gefährten und war ein »Spaßmacher Gottes« ganz nach Franz' Geschmack. Wie Franz fiel er gern aus der Rolle und schockierte durch sein Verhalten ehrbare Bürger und hoch angesehene Kleriker. Einmal ging er nackt durch die Stadt Viterbo – mit der Unterhose auf dem Kopf. In einer der schönsten Geschichten über ihn wird erzählt, wie er, als Franz und seine Begleiter schon verehrt wurden, nach Rom gesandt wurde und ihn am Stadtrand eine Abordnung von vornehmen Damen und Herren begrüßen wollte. Beim Anblick dieses Empfangskomitees wich Ginepro auf ein Feld aus, wo Kinder spielten. Sie hatten aus zwei Balken eine Wippe gebaut und Ginepro schaukelte begeistert mit. Die vornehme Delegation stand daneben und wartete ungeduldig, dass Ginepro endlich mit seinen Kinderspielen aufhörte und sich empfangen ließ, wie es sich gehörte. Als Ginepro sie weiterhin nicht beachtete, entfernten sie sich wieder, empört über diesen Kindskopf ohne Manieren. Kaum waren sie weg, stieg Ginepro von der Schaukel und setzte zufrieden seinen Weg fort.

Wie Ginepro waren auch seine Mitbrüder ständig auf Wanderschaft. Die Welt war sozusagen ihr Kloster. Einmal im Jahr, zu Pfingsten, kamen alle bei der Portiuncula-Kirche zusammen. Es wurde Gottesdienst gefeiert und man tauschte Erfahrungen und Erlebnisse aus. Nach ein paar Tagen brachen alle wieder auf und zerstreuten sich in alle Himmelsrichtungen. Unterwegs zu sein, zu wandern, gehörte für Franz von Assisi zur Armut. Für den Schriftsteller Reinhold Schneider ist diese franziskanische Art zu leben »die reinste Form der Armut«[109]. Wandern heißt demnach, sich an keinen Besitz zu klammern, auf alles Überflüssige zu verzichten, ein Niemand zu sein, keiner hierarchischen Ordnung anzugehören, heimatlos zu sein, ohne Plan, ohne Sorgen und Verpflichtungen in den Tag hineinzuleben.

Franziskus hasste Häuser. Als die Einwohner von Assisi für die wachsende Menge von Minderbrüdern, die sich an Pfingsten vor der Stadt versammelte, feste Unterkünfte gebaut hatten, stieg Franziskus auf eins der Häuser und begann, die Dachziegel hinabzuwerfen. Als er erfuhr, dass man in Bologna ein »Haus der Brüder« eingerichtet hatte, ließ er es sofort räumen. Er ertrug es nicht einmal, dass man von »seiner Zelle« redete, so entschieden lehnte er jede Art von Eigentum ab. Etwas zu besitzen und es dann notwendigerweise verteidigen zu müssen, war für ihn die Ursache jedes Unfriedens, der unweigerlich zu Gewalt und Krieg führte.[110]

Das Bedürfnis, das Franz von Assisi immer wieder in die Ferne trieb, findet sich in der Geschichte in verwandter Form immer wieder bei Männern wie bei Frauen. Zu den Nachfahren des Franz kann man all jene Wanderer, Rumtreiber, Weltenbummler und Vagabunden zählen, wie sie der Dichter Joseph von Eichendorff Anfang des neunzehnten Jahrhunderts exemplarisch an einer Figur beschrieben hat.

Am Anfang dieser Erzählung steht, wie bei Franz von Assisi, der Konflikt mit dem Vater. Weil der Held lieber träumt, als jeden Tag pflichtbewusst und fleißig einem ehrenwerten Beruf nachzugehen, nennt ihn dessen Vater einen »Taugenichts« und jagt ihn aus dem Haus. Der

»Taugenichts« macht sich auf zu einer langen Wanderung »in Gottes freie Welt«, und zwar »gen Italien«.[111] An keinem Ort hält er es lange aus, und anstatt in den Salons und Amtsstuben Karriere zu machen, lernt er die Natur, die Wälder, den Gesang der Vögel und die stillen Nächte lieben.

Für Frauen war es über Jahrhunderte hinweg ungleich schwieriger, ja eigentlich unmöglich, ein solches Wanderleben zu führen. Klara ist ein Beispiel dafür. Allein, das heißt, ohne Männer reisende Frauen galten fast zu allen Zeiten als anrüchig, schamlos, verdächtig. Umso bemerkenswerter sind Ausnahmen wie Teresa von Ávila, die Mitte des sechzehnten Jahrhunderts, nach vielen Jahren im Kloster, ihre Heimat verließ, um ein Leben als Reisende zu führen. Von Männern als »Hure« und »ruheloses und vagabundierendes Weib«[112] beschimpft, ging sie zu Fuß, fuhr im schaukelnden Planwagen oder ritt auf einem Eselsrücken durch ganz Spanien und gründete an vielen Orten Klöster als spirituelle »Kraftzentren«, die sie nach getaner Arbeit wieder verließ. Nur der Tod konnte ihr Reiseleben beenden.

Teresa kannte die Legenden und Geschichten, die sich um das Leben von Franz von Assisi rankten, und sie schätzte einen Freigeist wie dessen Begleiter Ginepro. Gut vorstellbar, dass sie sich an diesen ungewöhnlichen Heiligen ein Beispiel nahm, als sie es wagte, gegen alle Vorstellungen davon, wie eine Nonne zu leben hat, zu verstoßen. Noch mehr als für Teresa war Franz dreihundert Jahre später ein Vorbild für den jungen Hermann Hesse, der von Kindheit an fasziniert war von dieser Gestalt, die ihm half, sich von inneren wie äußeren Zwängen zu befreien. Nach qualvollen Jahren, in denen er von den Erwartungen seiner Familie fast erdrückt worden war, fand er die Kraft, sich, wie er es nennt, »fallenzulassen«. Er hängte seinen Beruf als Buchhändler an den Nagel, ließ das »Zweckleben« hinter sich und reiste wie ein Vagabund nach Italien.

Hesse, der ein Buch über Franz schrieb, durchwanderte Umbrien und die Toskana und kritzelte in sein Reiseheft die Verse: *»Sonne, leuchte mir ins Herz hinein, / Wind, verweh mir Sorgen und Beschwerden! / Tiefere Wonne weiß ich nicht auf Erden, / Als im Weiten unterwegs zu sein.«*[113] Als Hesse später eine Familie gründete und ein Haus baute, versiegte zeitweise auch seine schöpferische Kraft und er beneidete die Landstreicher, die durch sein Dorf kamen. Er musste wieder aus der bürgerlichen Sicherheit ausbrechen, ein Wanderer werden, um eine Daseinsberechtigung zu finden.

So wie für Hesse war auch für den fast gleichaltrigen Schriftsteller Robert Walser das Gehen, das Unterwegssein von existenzieller Bedeutung. Walser, der sein halbes Leben freiwillig in einer psychiatrischen Anstalt verbrachte, war ein leidenschaftlicher Spaziergänger. In einem seiner Texte versucht der Ich-Erzähler, einem Finanzbeamten zu erklären, warum er arm ist, keine oder nur wenig Steuern zahlen kann und jeden Tag spazieren gehen muss. »Spazieren gehen«, so erklärt er, »muss ich unbedingt, um mich zu beleben und um die Verbindung mit der lebendigen Welt aufrechtzuerhalten, ohne deren Empfinden ich keinen halben Buchstaben mehr schreiben und nicht das leiseste Gedicht in Vers oder Prosa hervorbringen könnte. Ohne spazieren wäre ich tot und mein Beruf, den ich leidenschaftlich liebe, wäre vernichtet.«[114]

Von Franz von Assisi kann man behaupten, dass er wie Walser »die Verbindung mit der lebendigen Welt« nicht verlieren wollte. Die Welt war für ihn eine beseelte Welt, die Schöpfung eines liebenden Gottes. Nur, wenn er die Verbindung zu diesem Gott und seiner Schöpfung nicht verlor, war er von einem Glücksgefühl und einer tiefen Friedfertigkeit durchdrungen, einer Friedfertigkeit, die auch das Zusammenleben der Minderbrüder bestimmen sollte.

Doch diese Gemeinschaft war umgeben von einer Welt, in der viele Menschen jene Verbindung verloren hatten, sodass Unfrieden, Gewalt und Krieg herrschten. Vier Kreuzzüge hatte es schon gegeben, um das Heilige Land von den sogenannten »Ungläubigen« zu befreien. Die treibende Kraft waren die Päpste gewesen. Sie finanzierten diese »heiligen Kriege« mit enormen Summen und versprachen den Teilnehmern, den »Rittern

Christi«, Privilegien und die Vergebung aller Sünden. Dass diese Kreuzzüge eher Raubzüge waren und unermesslich viel Leid und Zerstörung mit sich brachten, das konnte man mit seinem christlichen Gewissen vereinbaren. Die bisherigen Kreuzzüge waren erfolglos gewesen. Die Stimmung war dennoch weiter aufgeheizt und Papst Innozenz plante einen neuerlichen Versuch, die heiligen Stätten zu erobern.

Von diesem religiösen Fanatismus wurden auch Kinder in Frankreich, Italien und Deutschland angesteckt. Sie glaubten sich von Gott dazu ausersehen, einen eigenen Kreuzzug zu unternehmen. Zu Tausenden zogen sie im Frühsommer 1212, singend und mit Kreuzen in den Händen, zum Mittelmeer, das, wie sie glaubten, sich vor ihren Augen teilen würde. Als dieses Wunder ausblieb, gaben viele auf. Ein Teil zog weiter nach Marseille, wo skrupellose Geschäftemacher ihnen versprachen, sie mit ihren Schiffen nach Palästina zu bringen. Tatsächlich wurden sie, falls sie überlebten, an der Küste Nordafrikas als Sklaven verkauft oder landeten, wenn es Mädchen waren, in Harems.

Dieses schreckliche Schicksal der Kinder war ein Schock für die ganze Christenheit. Und auch Franz muss von dieser Katastrophe gehört haben und tief betroffen gewesen sein. Vielleicht ist dieses Ereignis der Grund dafür, warum er beschloss, selbst nach Palästina zu reisen, nicht als Kreuzritter, sondern als Friedensstifter. Jedenfalls berichtet Thomas von Celano, dass Franz, vermutlich im Herbst 1212, mit einigen Gefährten ein Schiff bestieg, das sie nach »Syrien« bringen sollte.[115] Durch ungünstige Winde wurde das Schiff an die Küste Dalmatiens getrieben, von wo eine Weiterfahrt nicht mehr möglich war. Als blinde Passagiere kehrten die Minderbrüder mit einem anderen Schiff nach Italien zurück und damit war dieses Abenteuer beendet. Später soll Franz versucht haben, erneut mit dem Islam in Verbindung zu kommen, und dazu nach Spanien gereist sein, dessen südlicher Teil von den islamischen Mauren besetzt war. Dieses Mal, so wird behauptet, war es eine Erkrankung, die ihn zur Umkehr zwang, bevor er sein Ziel erreichte. In den folgenden Jahren blieb er in seiner Heimat und setzte sein Wanderleben fort.

Und was ist mit Klara, die nun in San Damiano mit ihren Mitschwestern ein klösterliches Leben führte? Dachte er an sie? Hierzu muss man wieder auf die poetische Wahrheit der Legenden vertrauen. Eine erzählt, wie Franz mit Leo, seinem Freund und engsten Vertrauten, nach Siena wanderte und mit so großer Sorge an Klara dachte, dass er nicht mehr weitergehen konnte. Sie machten Rast an einem Brunnen. Als Franz in den Brunnen hinabsah, hob er plötzlich den Kopf und sagte: »Bruder Leo, was, meinst du, habe ich im Brunnenwasser gesehen?«

»Den Mond, der sich darin spiegelt«, vermutete Leo.

»Nein«, antwortete Franz, »sondern ich sah darin das wirkliche Antlitz unserer Schwester Klara und es war so rein und strahlend von heiliger Freude, dass mir alle meine Zweifel auf einmal verflogen sind, und ich habe die Gewissheit erhalten, dass unsere Schwester in dieser Stunde jene tiefe Freude genießt, die Gott seinen Lieblingen gewährt, indem er sie mit den Schätzen der Armut überhäuft.«[116]

~

Diese Geschichte lese ich bei einer Rast im Schatten einer verkrüppelten Kiefer, nach dem schweißtreibenden Aufstieg über ein Geröllfeld zu einem karg bewachsenen Hügel. Als ich weitergehen will, höre ich Schritte, und gleich darauf taucht eine Gestalt mit Rucksack auf. Es ist das erste Mal, dass mir jemand begegnet, der auch auf dem Franziskusweg unterwegs ist. Wir begrüßen uns, und es stellt sich heraus, dass diese Pilgerin eine junge Deutsche ist, die in Bologna studiert. Wir beschließen, zusammen weiterzugehen. Immer wieder müssen wir uns beraten über den richtigen Weg, der auf dieser Strecke nur schlecht ausgewiesen ist.

Am späten Nachmittag kommen wir endlich ans Ziel. Mitten in einem Waldgebiet stehen wir vor einem Steinwall und einem Holzgatter. Der Eingang zur *Romita.* Aus einem Wanderführer erfahre ich, dass Franz in einer nahe gelegenen Höhle gehaust, eine alte Kapelle restauriert und eine erste Version des Sonnengesangs verfasst haben soll. Später entstand hier ein Kloster, das Mitte des neunzehnten Jahrhunderts aufgegeben wurde und verfiel. Erst in den neunziger Jahren des letzten Jahrhunderts hat es ein Franziskaner, Pater Bernardino Greco, wieder aufgebaut. Es wurde zu einem Treffpunkt für Pilger.

Was mich erwartet, weiß ich nicht. Ich hoffe, dass ich aufgenommen werde und hier übernachten kann. Im Innenhof empfängt man mich freundlich. Ein Mann in Mönchskutte bringt mir Wasser und eine Frau bietet mir an, mir die Anlage zu zeigen. In der großen Küche treffen wir auf einen alten Mann mit grauen Haaren, der sich auf einen Gehstock stützt. Es ist Fra Bernardino. Ich zeige ihm ein Empfehlungsschreiben, das mir Franziskaner in München ausgestellt haben. Er wirft nur einen kurzen Blick darauf. Das sei nicht nötig, meint er, hier werde jeder aufgenommen.

Die Frau zeigt mir meine Schlafstelle. Von einem fensterlosen langen Gang gehen die Kammern ab, in denen einfache Stockbetten stehen. Über eine Stange an der Decke kann man seine Kleider hängen. Das ist schon alles an Komfort. Vor jeder Tür steht ein Eimer, mit dem man Wasser aus der Zisterne holen kann, um sich zu waschen und für die Toilettenspülung. In der *Romita* gibt es kein fließendes Wasser und keinen Strom. Dusche ist im Wald. Eine Dusche habe ich wirklich nötig, aber ich muss mich beeilen, denn um neunzehn Uhr, so sagte man mir, findet in der Kapelle eine Andacht statt.

Als die Glocke läutet, begeben sich alle zur Kapelle – auch die Hunde von Fra Bernardino. Die Gäste sitzen auf einer Wandbank im Halbkreis um den Altar. Männer und Frauen jeden Alters, auch Jugendliche. Fra Bernardino, zu dessen Füßen sich die Hunde ausgestreckt haben, hält eine kleine Ansprache. Er spricht erst Italienisch, dann Deutsch. Später erfahre ich, dass er in Deutschland studiert hat, bei berühmten Theologen wie Hans Küng. Bernardino spricht über Dankbarkeit. Von Franz von Assisi, so Bernardino, könne man das Staunen über das Wunder der Schöpfung lernen – und aus dem Staunen ergebe sich wie von selbst Freude und Dankbarkeit.

Nach der Andacht gibt es Abendessen im großen Innenhof, der von einer riesigen Zeder überspannt wird. Alle Gäste nehmen an einem langen Tisch Platz, an dessen Stirn Bernardino wie ein Familienvater sitzt. Von meinen Tischnachbarn, einem Ehepaar aus Schwaben, die schon öfter hier waren, erfahre ich, dass Bernardino von seinem Orden ausgeschlossen wurde, weil er sich weigerte, in ein Kloster zu gehen, und in der *Romita* bleiben wollte. Vor über dreißig Jahren hat er diese Eremitage, die damals ein Steinhaufen war, im Wald entdeckt und sie mithilfe von Freunden wieder aufgebaut. Hier wollte er ein Leben nach dem Vorbild von Franz von Assisi führen.

Nach dem Essen setze ich mich neben Bernardino und frage ihn, was Franz von Assisi für ihn bedeutet. Franziskus sei für ihn, so meint er, halb Clown, halb Heiliger. Was ihn an diesem Menschen so fasziniere, sei sein Widerwille gegen lebensfeindliche gesellschaftliche Konventionen, sein Abenteuergeist, sein Sinn für Risiko, der Wunsch und die Fähigkeit, mit Leidenschaft, Intensität und Freude zu leben. Franziskus sei zwar ein Mensch der Vergangenheit, doch sehr aktuell und wegweisend für die Zukunft. Von seiner Achtung vor der Natur, seinem Respekt vor anderen Religionen, besonders dem Islam, und seiner Solidarität mit den Armen könne man viel lernen. Franziskus sei, so Bernardino, ein »Meister des Lebens«.

Nach dem Abendessen wird es schnell dunkel, stockdunkel. Mit zwei Gästen, einem Künstler aus Berlin und der jungen Studentin, sitze ich im Innenhof des Kreuzgangs, um den Sternenhimmel zu betrachten, der in dieser Abgeschiedenheit, wo kein künstliches Licht stört, besonders beeindruckend ist. Der Künstler erzählt von seiner Reise mit der transsibirischen Eisenbahn. Und die Studentin davon, dass sie ohne Religion aufgewachsen ist und mit dem Christentum eigentlich nichts anfangen kann. Warum sie dann den Franziskusweg gehe, frage ich sie. Weil sie herausbekommen möchte, was sie mit ihrem Leben anfangen soll, antwortet sie. Ich muss an Bernardino denken und seine Bemerkung über Franz als »Meister des Lebens«. Wie Franziskus, so möchte er nach dem Motto leben: »Weniger haben zum Leben, um mehr vom Leben zu haben.«

IX.

Schwester Lerche, Mutter Erde, Bruder Wolf

Einmal, so erzählt eine legendenhafte Geschichte, war Franz von Assisi im Winter in den Marken in Mittelitalien unterwegs, als ihm ein Mann begegnete, der zwei Lämmer über seiner Schulter trug. Den Tieren waren die Beine zusammengebunden und sie blökten erbärmlich. Franz taten die Lämmer leid, er streichelte sie und fragte den Mann, warum er die Tiere so quäle. »Ich trage sie zum Markt, um sie zu verkaufen; ich brauche dringend Geld«, sagte der Mann ungerührt. Was denn mit den Lämmern dann geschehe, wollte Franz wissen. Wer sie kauft, antwortete der Bauer, wird sie schlachten und dann essen. Franz wollte das nicht zulassen und bot dem Mann seinen Mantel an, wenn er ihm die Tiere überlässt. Der Mann war einverstanden, denn so ein Mantel war viel mehr wert als die Lämmer. Als der Handel abgeschlossen war, fiel Franz ein, dass er eigentlich mit den Tieren nichts anfangen konnte. Schließlich gab er sie dem Mann zurück, ließ ihm den Mantel und bat ihn, die Tiere nicht zu verkaufen, sondern sie zu behalten und sie gut zu behandeln.[117]

So die Geschichte. Man kann sich vorstellen, dass der Mann sich ins Fäustchen gelacht hat, und natürlich nichts Eiligeres zu tun hatte, als die Lämmer zum Markt zu bringen und sie zu verkaufen. Ohne eigene Gegenleistung machte er ein doppeltes Geschäft. Franz dagegen erweist sich als miserabler Geschäftsmann. Aber darum geht es in dieser Geschichte nicht. Es geht um sein Verhältnis zu Tieren und zur Natur allgemein. Sein Verhalten in dieser Szene ist ungewöhnlich, wenn man bedenkt, dass die Menschen zu seiner Zeit an Brutalität und Grausamkeit gewohnt waren. Kriegerische Auseinandersetzungen wie die zwischen Assisi und Perugia waren an der Tagesordnung. Um häretische Bewegungen zu vernichten, wurden ganze Regionen verwüstet, Städte niedergebrannt und Menschen wahllos getötet. Hinrichtungen wurden öffentlich veranstaltet und waren ein Spektakel. Folter war ein gängiges Mittel, um Geständnisse zu erpressen. Für geringe Vergehen wie Diebstahl wurden den Tätern Finger, Nase oder die Zunge abgeschnitten oder die Augen ausgestochen. Und wer sich von der Justiz im Stich gelassen fühlte, der sorgte selbst für sein Recht – oft mit Gewalt.

Inmitten dieser gnadenlosen Zeit war es äußerst ungewöhnlich, Mitleid mit zwei Lämmlein zu haben. Es ist jedoch keine sentimentale Tierliebe, die Franz in dieser Geschichte antreibt. Es ist eher ein schockartiges Bewusstsein für das von Menschen verursachte tierische Leid. Und dieser Schock kann Menschen auch erschüttern in Zeiten, die friedvoller sind oder in denen die Ausbeutung von

Tieren nicht vor aller Augen, sondern in Laboren und Schlachthöfen geschieht.

Von dem Philosophen Friedrich Nietzsche wird erzählt, dass er auf einem Spaziergang beobachtete, wie ein Kutscher auf ein völlig erschöpftes Pferd einschlug, und er daraufhin das Pferd weinend umarmte. Der Schriftsteller Milan Kundera hat diese Begebenheit so gedeutet, dass Nietzsche das Pferd um Verzeihung bat für die Rohheit, mit der Menschen andere Lebewesen behandeln. Im Umgang mit den Lebewesen, die ihr ausgeliefert sind, habe die Menschheit, so heißt es bei Kundera, »grundlegend« versagt. Und alle anderen Fehler, die sie im Laufe ihrer langen Geschichte begangen habe, ließen sich von diesem Versagen ableiten.[118]

Eine ähnliche Erfahrung machte auch die Politikerin und Kriegsgegnerin Rosa Luxemburg, eine mutige Frau, der man wahrlich nicht nachsagen kann, sentimental gewesen zu sein. Als sie wegen ihres Pazifismus gegen Ende des Ersten Weltkriegs wieder einmal im Gefängnis saß, sah sie durch das Zellenfenster, wie Soldaten schwer beladene, von Büffeln gezogene Wagen in den Gefängnishof brachten. Die Büffel waren Kriegsbeute aus Rumänien, wo sie auf weiten Weideflächen gelebt hatten. Nun waren sie zu Nutztieren abgerichtet. Luxemburg beobachtete, wie ein Soldat so unbarmherzig mit einer Peitsche auf ein Tier einschlug, dass die dicke Büffelhaut aufplatzte. An ihre Freundin Sophie Liebknecht schrieb sie: »Die Tiere standen dann beim Abladen ganz still erschöpft und eins, das blutete, schaute dabei vor sich mit einem Ausdruck in dem schwarzen Gesicht und den sanften schwarzen Augen wie ein verweintes Kind. Es war direkt der Ausdruck eines Kindes, das hart bestraft worden ist und nicht weiß, wofür, weshalb, und nicht weiß, wie es der Qual der rohen Gewalt entgehen soll. [...] O mein armer Büffel, mein armer, geliebter Bruder, wir stehen hier beide so ohnmächtig und stumpf und sind nur eins in Schmerz, Ohnmacht, in Sehnsucht.«[119]

Die überzeugte Kommunistin Rosa Luxemburg, die kurz nach Kriegsende brutal ermordet wurde, fühlte sich dem Büffel in seinem erlittenen Leid so nahe, dass sie ihn als ihren geliebten Bruder sah. Wie sie redete Franz von Assisi die Tiere mit »Bruder« oder »Schwester« an. Es gibt zahlreiche legendenhafte Geschichten darüber, wie sehr Franz vom Leid der Tiere bewegt wurde und wie vertraut er mit ihnen umging. In einer flüchtet sich ein Hase, der aus einer Falle befreit wurde, in Franziskus' Schoß. Eine andere Geschichte erzählt, wie er sich über den See von Rieti rudern ließ und wie er dabei einen gefangenen Fisch wieder ins Wasser setzte und der »Bruder Fisch« lange neben dem Boot herschwamm. Celano berichtet, dass Franz Würmer vom Weg aufhob, damit sie nicht zertreten wurden, und Bienen im Winter mit Honig versorgte, um sie vor dem Erfrieren zu retten.

Am bekanntesten ist die Geschichte, wie Franz zu den

Vögeln redete. Das war angeblich im Tal von Spoleto, nahe dem Ort Bevagna, wo Franz sich mit einigen seiner Gefährten aufhielt. Auf Bäumen hatten sich eine Menge der verschiedensten Vögel niedergelassen – Tauben, Spatzen, Lerchen, Dohlen, Elstern. Als Franz sich ihnen näherte, wunderte er sich, dass sie nicht davonflogen. Und weil sie so zutraulich waren, begann er zu ihnen zu sprechen und ihnen von der Liebe ihres Schöpfers zu erzählen. Die Vögel schienen ihn zu verstehen. Sie verloren ihre Scheu nun ganz und umflatterten ihn so nahe, dass sie seinen Kopf und seine Kutte berührten.[120]

Solche Geschichten kann man als rührselige, realitätsferne Märchen abtun und einige von ihnen sind tatsächlich übertrieben blumig ausgemalt. Im Kern jedoch beinhalten sie eine revolutionär neue Haltung zur Welt. Nach Helmut Feld war das Naturverständnis von Franziskus in seiner Zeit so einmalig und ungewöhnlich, dass es kaum Nachahmer gefunden habe.[121] Jahrhundertelang galt eine andere, gegensätzliche Auffassung vom Verhältnis des Menschen zur Natur, die maßgeblich beeinflusst war von der Bibel. Dort, im Buch Genesis des Alten Testaments, gibt Gott den Menschen den Auftrag, sich die Natur untertan zu machen und über die Tiere zu herrschen. Anstatt diese Bibelstelle so auszulegen, dass der Mensch nur Verwalter der Erde ist und sie ihm leihweise anvertraut wird, hat man ihn zum Eigentümer erklärt.

Es verfestigte sich der Glaube, dass der Mensch vor allen Lebewesen unendlich verschieden und bevorzugt ist, weil er eine unsterbliche Seele hat. Als Krone der Schöpfung hielt man ihn für berechtigt, die Natur auszubeuten und die seelenlosen Tiere nach Willkür zu benutzen. Gestützt wurde diese Auffassung von maßgeblichen Theologen wie Aristoteles, der die einzige Daseinsberechtigung von Tieren darin sah, für den Menschen nützlich zu sein. Bis ins siebzehnte Jahrhundert galten Tiere für nichts anderes als eine Sache, ganz im Sinne des Philosophen René Descartes, der sie als gefühllose Automaten betrachtete.

Wenngleich Franz von Assisi vor der Wissenschaft den größten Respekt hatte, war er selbst kein Theologe und kein Philosoph. Nicht über eine Theorie oder theologische Gedanken erschloss er sich die Welt. Sein Zugang war eine unmittelbare Erfahrung, die in den Schriften über ihn als »Herzensfrömmigkeit«[122] bezeichnet wird. Er redete oder schrieb nicht über Gott und die Welt, sondern er erlebte die Erde und den Himmel darüber in jedem Moment als die Schöpfung eines liebenden Gottes und darum als »Spiegel« des Göttlichen. Von daher war es für ihn selbstverständlich, dass Tiere eine Seele haben, verständige Wesen sind und leiden, weinen, lachen, sich ängstigen und freuen können. Kein Wunder, dass Franz der erste Tierschützer war. Seine Mitbrüder berichteten später, dass er den Kaiser bitten wollte, ein Gesetz zu erlassen, das es verbietet, die »Schwestern Lerchen« zu fangen und zu töten. Außerdem sollten die Bürgermeister und Burgherren dazu verpflichtet werden, alljährlich an den Weihnachtstagen für die Vögel Weizenkörner auf die Wege zu streuen.[123]

Doch nicht nur die Tiere lagen Franz von Assisi am Herzen. Er war wohl der erste Christ, der auch Pflanzen und die unbelebte Natur, Elemente wie Wasser und Feuer, ja sogar Gestirne wie Sonne und Mond als seine Geschwister betrachtete. Er legte Wert darauf, dass in einem Garten nicht nur essbare Kräuter und Gemüse angepflanzt wurden, sondern Platz blieb für nutzlose Pflanzen und die »Schwestern Blumen«. Wenn die Brüder einen Baum fällten, um Brennholz zu bekommen, sollten sie nie die Wurzeln beschädigen, damit wieder neue Sprösslinge austreiben konnten. Und wenn er sich die Hände wusch, achtete er darauf, dass niemand unbedacht auf das abfließende Wasser trat.

Modernen, aufgeklärten Menschen kann dieses Verhalten wie ein naives, magisches Denken oder wie irrationale Naturmystik vorkommen. Nachdem im Lauf der Geschichte die Zweifel darüber, ob das aufgeklärte Denken wirklich zu einer besseren, friedlicheren Welt führt, immer stärker geworden sind, erscheint eine Haltung wie die eines Franziskus nicht mehr so weit weg und fremd. Auf der Suche nach anderen Lösungen gibt es Stimmen, die an Franziskus' Worte und seine Einstellung zum Leben erinnern. Der Biologe und Philosoph Andreas Weber beispielsweise fordert ein radikales Umdenken in unserem Verhältnis zur Natur. Wir müssten begreifen, dass sie kein seelenloses Gegenüber ist, sondern wir mit ihr in einer gemeinsamen Welt leben, die Weber »Seelenraum« nennt. In diesem Raum sind wir wechselseitig aufeinander angewiesen.[124]

Wir Menschen sind demnach nur ein Teil in diesem »Seelenraum« und wir müssen nach Weber verstehen lernen, dass unsere »nichtmenschlichen Mitspieler« Gefühle haben und eine Leidensfähigkeit besitzen, die wir normalerweise nur für unsere Art in Anspruch nehmen. Mit modernen Worten ist hier gesagt, was Franz von Assisi meinte, wenn er Tiere und Pflanzen als Geschwister betrachtete. Voraussetzung für diese umfassende Gemeinsamkeit ist freilich die Fähigkeit, auch dort eine beseelte Natur zu erkennen, wo wir normalerweise nur Rohstoffe, Lebensmittel oder Fleischlieferanten sehen. Diese Fähigkeit nennt der Philosoph Theodor W. Adorno »Liebe« und er versteht darunter die Begabung, »Ähnliches an Unähnlichem wahrzunehmen«.[125]

Für Franz von Assisi ist dieser »Seelenraum« sehr viel weiter. Er schließt Gott mit ein. Oder richtiger gesagt: Gott ist Ursprung und Schöpfer dieses Raums. Weil der Mensch, die Tiere und die Natur seine Geschöpfe sind, haben sie Anteil am Göttlichen und erhalten so ihre Würde und ihren Wert. Diese Würde und dieser Wert werden verletzt oder missachtet, wenn Menschen missbraucht oder getötet, wenn Natur zerstört oder ausgebeutet wird.

Nach zwei verheerenden Weltkriegen und angesichts der Gefahr einer atomaren Zerstörung der Erde hat der Arzt und Theologe Albert Schweitzer zu einer neuen »Ehrfurcht vor dem Leben« aufgerufen, die für ihn letztlich eine religiöse ist. Ehrfurcht kann man nur vor etwas haben, das größer ist als man selbst, das man nicht ganz begreift und dessen Wert man dennoch achtet.

Diese Ehrfurcht ist für Schweitzer erst vollständig, wenn sie alles Leben einschließt, auch Tiere und die unbelebte Natur. Nur wer diese Ehrfurcht hat, übernimmt auch Verantwortung. Eine Änderung unserer Einstellung lässt sich für Schweitzer nur erreichen, wenn uns in unserem Handeln und Denken jederzeit bewusst ist, dass wir Menschen nicht über der Natur stehen, sie nicht dazu da ist, unserem Vergnügen zu dienen, kein Rohmaterial ist, über das wir bedenkenlos verfügen können, sondern dass wir ein Teil sind in einem großen Zusammenhang. Oder mit Schweitzers Worten: »Ich bin Leben, das leben will, inmitten von Leben, das leben will.«[126]

Dieser Satz bedeutet einen Abschied von der Vorstellung, dass der Mensch in der Natur eine Sonderstellung einnimmt. Das ist eine Einsicht, mit der sich gerade die Kirchen sehr schwergetan haben. Dass hier ein Umdenken stattfindet, ist auch einem Mann zu verdanken, der sich mit seinem Namen bewusst in der Nachfolge des Franz von Assisi sieht, Papst Franziskus. In seinem Schreiben *Laudato si'* zum Klima- und Umweltschutz stellt er fest, dass kein Mensch das Recht habe, Tiere und Pflanzen als Eigentum zu betrachten und die Menschen ihr Konsumverhalten in einer »Wegwerfkultur« ändern müssten. Papst Franziskus fordert nicht weniger als eine neue Ethik des solidarischen Zusammenlebens. Zu ihr gehört es, Verzicht zu lernen und die Erfahrung, dass Rückschritt auch Fortschritt sein kann. Es ist Franz von Assisis Glück des einfachen Lebens, das hier wiederentdeckt wird.[127]

~

Das Leben in der *Romita* ist sehr einfach. Um halb sechs Uhr morgens, es ist noch dunkel, weckt Fra Bernardino seine Gäste musikalisch. Mit einer Art Leier geht er durch den Gang und singt dazu *»Buon Giorno«*, begleitet von seinen bellenden und jaulenden Hunden. Nach kurzer Wäsche geht es gleich in die Kapelle. Dieses Mal spricht Bernardino über Kerzen und Licht. Das Leben sei ein Wunder, meint er, und nur wer das verstehe, für den sei es auch wunderbar. Anschließend wird gefrühstückt. Alle essen schweigend am langen Tisch, denn dieses morgendliche Zusammensein soll in aller Stille stattfinden. Erst am Ende ergreift Bernardino das Wort und verteilt die Arbeit für den Tag. Weil er herausgefunden hat, dass ich über Franz von Assisi schreiben will, schickt er mich in die Bibliothek, um sein Buch über Franz zu lesen. Ich protestiere, weil ich auch wie die anderen mit den Händen arbeiten will. Schließlich darf ich im großen Garten Unkraut jäten und später in der Küche beim Essenmachen helfen.

Am Nachmittag gibt es Kaffee im Innenhof und ich habe wieder Gelegenheit, mich neben Bernardino zu setzen und mit ihm zu sprechen. Ich frage ihn, was er davon hält, dass einige von Franziskus überlieferte Aussagen so frauenfeindlich sind, etwa die Vorschrift, dass man den Umgang mit Frauen meiden soll.[128]

»Das war zeitbedingt«, meint Bernardino. Von einem Gottesmann habe man das erwartet und vieles sei ihm auch angedichtet worden. Im Grunde habe Franziskus ein sehr unverkrampftes Verhältnis zu Frauen gehabt. Nicht nur sei seine Beziehung zu Klara sehr zärtlich gewesen, er habe auch immer, wenn er in Rom war, eine Freundin besucht, eine reiche Witwe, die er »Jacoba« nannte und die ihn jedes Mal mit besonderen Speisen verwöhnte. Trotz aller Armut sei Franz durchaus ein Genießer gewesen, der gerne mal gut gegessen und Wein getrunken habe.

»Und politisch?«, frage ich. »War er auch ein politischer Mensch?«

»Natürlich!«, meint Bernardino fast empört über so eine Frage. Ich solle die Geschichte über den Wolf von Gubbio lesen. Da sei alles drin.

Also lande ich doch in der Bibliothek, einem großen Raum mit knarzendem Holzboden und einer staubigen Regalwand voller Bücher, die sprachlich so verschieden sind wie die Besucher dieser Eremitage. Ich lasse mich in einen alten, durchgesessenen Sessel fallen und sehe mir das schöne, mit vielen Bildern ausgestattete Buch von Bernardino an und lese die Geschichte vom Wolf von Gubbio in meiner Legendensammlung.[129] Darin wird erzählt, wie Franz von Assisi einmal einen wilden Wolf zähmte. Dieser riesige Wolf machte die Gegend um die Stadt Gubbio nahe Arezzo unsicher. Er tötete nicht nur andere Tiere, sondern auch Frauen und Männer. Die Bewohner von Gubbio hatten so große Angst vor dem Untier, dass sie die Stadt nur noch schwer bewaffnet verließen, als würden sie in den Krieg ziehen. Eines Tages kam Franz nach Gubbio, und weil ihm die Leute leidtaten, beschloss er, ihnen zu helfen.

Trotz aller Warnungen ging Franziskus in die Wälder vor der Stadt, ganz unbewaffnet. Als der Wolf ihn sah, wollte er sich gleich auf ihn stürzen, hielt aber inne, als Franz das Kreuzzeichen machte und ihn mit »Bruder Wolf« ansprach. Wie plötzlich gezähmt, hörte er sich nun an, was Franz zu sagen hatte. Franz hielt ihm zunächst seine Untaten vor, versprach ihm aber dann, Frieden zwischen ihm und den Menschen herzustellen.

Franz hatte erkannt, dass der Wolf aus einem einfachen Grund so viel Unheil anrichtete: Er hatte Hunger. Franz wollte sich nun dafür einsetzen, dass die Leute aus Gubbio täglich für dessen Nahrung sorgen. Und im Gegenzug sollte der Wolf niemandem mehr etwas antun. Der Wolf war einverstanden und reichte Franz als Zeichen dafür, dass er sich auf ihn verlassen könne, seine Tatze. Daraufhin ließ Franz alle Einwohner von Gubbio auf dem großen Marktplatz zusammenkommen. Er verkündete den Pakt, den er mit dem Wolf geschlossen hatte, und alle jubelten und versprachen, auch ihrerseits sich an die Abmachung zu halten. So bekam der Wolf täglich sein Futter und brauchte es sich nicht mehr mit Gewalt besorgen. Wolf und Mensch lebten friedlich nebeneinander. Und die Leute von Gubbio waren sogar traurig, als der Wolf in hohem Alter starb.

Das ist wieder eine märchenhafte Geschichte und wie bei allen Märchen steckt auch hier eine tiefere Wahrheit dahinter. Wie man diese Geschichte politisch verstehen kann, wird noch deutlicher, wenn man an den Philosophen Thomas Hobbes erinnert, der schrieb, dass der Mensch für den Menschen ein Wolf ist.[130] Hobbes meinte mit diesem Satz, dass die Menschen sich in einem unzivilisierten Zustand als Feinde sehen, die einander vernichten wollen. Nur indem sie ihr Zusammenleben ordnen und Vereinbarungen und Gesetze schaffen, können sie verhindern, dauernd übereinander herzufallen. So gesehen, geht es auch in unserer Geschichte nicht um einen Wolf, sondern um die Frage, wie Menschen miteinander umgehen, wie Krieg entsteht und wie man ihn verhindern kann.

In einer ursprünglichen Version von Hobbes' Satz gibt es eine wichtige Ergänzung. Dort wird nämlich gesagt, dass der Mensch dem anderen Menschen dann zum Wolf wird, »wenn man sich nicht kennt«[131]. Das heißt, wenn man den anderen nicht kennenlernt, neigt man dazu, sich ein Bild von ihm zu machen. So ein Bild besteht meistens aus Vorurteilen, Gerüchten und schlechten Absichten, die man dem anderen unterstellt. Im schlimmsten Fall ist es ein Feind-Bild, und hat sich erst einmal ein solches Bild vom anderen verfestigt, ist es nicht mehr weit zu Gewalt und Krieg. Ein Bild zu bekämpfen oder gar zu töten, fällt viel leichter, als einem wirklichen Menschen etwas anzutun. Man hat keine Skrupel, kein schlechtes Gewissen, weil man sich ja eingeredet hat oder einem eingeredet wurde, dass man es mit keinem richtigen Menschen zu tun hat, sondern mit einem »Unmenschen«, einem »Untermenschen«, einem gefährlichen »Schädling«, einem »Ungläubigen« oder einem böswilligen »Tier«.

In unserer Geschichte stehen sich, so gesehen, zwei Parteien gegenüber, die sich gegenseitig als Feinde betrachten. Jede Seite sieht die Schuld für den Konflikt bei der anderen. Jede Seite behauptet, sich nur zu wehren gegen die feindliche Aggression. Die Bewohner von Gubbio haben sich bewaffnet »wie im Krieg«. Und die andere Seite, der Wolf, ist bereit, alle Bewohner zu töten, sobald sie sich aus der Stadt wagen. Was macht nun Franz? Wie verhält er sich?

Zunächst reicht es für ihn nicht, nur eine friedliche Gesinnung zu haben. Es wäre zu wenig und sinnlos, zu beiden Parteien zu sagen: »Haltet Frieden!«, oder: »Vertragt euch!«. Franz wird aktiv. Friede ist für ihn kein Ziel, sondern ein Handeln. Er verlässt die Stadt, unbewaffnet, und geht zum Wolf. Wie er ihm begegnet, wirkt entwaffnend. Er spricht ihn nämlich als »Bruder Wolf« an. Man könnte sagen, er lernt ihn kennen und erfährt so, dass der andere nicht böse und grausam ist, sondern einfach nur Hunger hat. Den Einwohnern von Assisi kann er nun seine Erfahrung mitteilen. Auch sie lernen auf diese Weise den Wolf kennen und verlieren so ihre Angst vor ihm. Franz bewirkt also keinen Diktatfrieden auf Initiative des Stärkeren oder einen Frieden durch gegenseitige Abschreckung. Er schafft Frieden, indem jede Seite die andere kennenlernt und jede dadurch die eigene Haltung ändert.

Was in den *Fioretti* in Form einer Legende erzählt wird, soll Franz von Assisi ganz real in verschiedenen Städten bewirkt haben. Dabei hat er sich nicht davor gescheut, auch zu den Wölfen unter den Menschen zu gehen. In Arezzo gelang es ihm, einen Bürgerkrieg zu beenden. In Siena versöhnte er verfeindete Gruppen miteinander, die sich blutige Schlägereien geliefert hatten, bei denen zwei Männer getötet wurden. Auch in seiner Heimatstadt Assisi trat er als Vermittler auf, als sich der Bischof und der Bürgermeister heillos zerstritten hatten. Der Bischof hatte den Bürgermeister exkommuniziert und der Bürgermeister verbot es jedem, mit dem Bischof Handel zu treiben oder mit ihm einen Vertrag abzuschließen. Franziskus bat die beiden Streithähne zu einem Treffen und ließ ihnen seinen Sonnengesang vorsingen. Dieser Lobpreis der

Schöpfung, dieser Dank an »Bruder Sonne«, an »Bruder Wind«, an »Schwester Wasser« bewirkte tatsächlich, dass die beiden Kontrahenten einsahen, wie im Grunde kindisch und überflüssig ihr Streit war. Sie baten einander um Verzeihung und vertrugen sich wieder.[132]

Die Bürger einer umbrischen Stadt miteinander zu versöhnen oder den Streit zwischen einem Bürgermeister und einem Bischof zu schlichten, sind noch machbare Aufgaben. Was sich Franz in einigen Jahren vornehmen wird, scheint von vornherein aussichtslos zu sein. Er wird versuchen, den Wahnsinn der Kreuzzüge zu beenden, Frieden zwischen Christen und Muslimen herbeizuführen. Bis dahin allerdings wird er noch schwere Zeiten durchmachen. Seine Bewegung ist in einigen Jahren so stark angewachsen, dass er langsam den Überblick verliert. Von vielen der neuen Mitbrüder kennt er nicht einmal mehr den Namen. Helfer bieten sich ihm an, die ganz eigene, ihm fremde Ziele verfolgen. Der Druck aus Rom wird immer größer, der Bewegung endlich Regeln zu geben und sie in bestehende Ordnungen einzugliedern. Das ursprüngliche Ideal droht verloren zu gehen.

Hinzu kommt, dass Franz von Zweifeln geplagt wird. Er ist kein Übermensch und er wehrt sich dagegen, wenn die Leute aus ihm einen Heiligen machen wollen. »Lobt mich nicht, als wäre ich sicher«, entgegnet er ihnen. »Ich kann durchaus noch Söhne und Töchter bekommen.«[133] Damit will er sagen, dass er keine weltferne Himmelsfigur ist, die nichts mehr weiß von den Wünschen und Bedürfnissen normaler Menschen. Er kann es nicht verhindern, dass er manchmal darüber nachdenkt, wie sein Leben aussähe, wenn es anders verlaufen wäre, wenn er geheiratet und Kinder bekommen hätte. Für Thomas von Celano sind solche Gedanken »Versuchungen« des Teufels. Im Grunde jedoch sind sie unvermeidbar für jemanden, der wie Franziskus sich zu einer Lebensform entschieden hat, die von der bürgerlichen Norm abweicht. Für Franz sind solche Gedanken sogar notwendig, um sich immer wieder zu versichern, dass er die richtige Entscheidung getroffen hat. Schmerzlich sind sie dennoch.

Das berührendste Beispiel hierfür ist eine Szene, die angeblich ein Mitbruder beobachtet hat. Es war im Winter, als Franz wieder von einer dieser schmerzlichen Fantasien überfallen wurde. Verzweifelt rannte er aus seiner Zelle hinaus in die Kälte und baute aus Schnee Figuren – eine Schneefrau, zwei Schneesöhne und zwei Schneetöchter. Dazu noch einen Knecht und eine Magd. Dann stellte er sich vor, wie er mit dieser Familie leben würde. Wie er für sie Kleider besorgt, damit sie nicht frieren, und Nahrung, damit sie nicht hungern. Diese Vorstellung tut ihm gut und er kann beruhigt in seine Zelle zurückkehren. Als er später davon erfuhr, dass er mit seiner Schneefamilie beobachtet worden war, schmerzte ihn das sehr und er bat seinen Mitbruder, nie jemandem davon zu erzählen.[134]

~

Auch Fra Bernardino kennt diese Zeiten der Unsicherheit und Zweifel. Oft hat er sich gefragt, ob das Leben, das er in der *Romita* führt, nicht eine Flucht vor dem Leben ist. Besonders dann, wenn er von den Strömen von Männern, Frauen und Kindern hört, die vor Krieg und Elend fliehen und auf der Suche nach einer besseren Zukunft gefährliche Fahrten über das Meer wagen, macht er sich Vorwürfe, wie er angesichts dieser Tragödien ruhigen Gewissens ein beschauliches Leben führen kann. Solche Fragen an sich selbst sind ihm wichtig, um sich immer wieder selbst zu prüfen und nicht »geistig einzuschlafen«. Nach langem Überlegen ist er sich dann doch gewiss, dass sein Platz in der *Romita* ist. »Wohl können wir«, so meint er, »global denken und träumen, aber konkret handeln können wir nur lokal.« Und so ist eben die *Romita* der Ort, wo er seine Gaben einsetzen und viel Gutes bewirken kann.

An einem Montagmorgen verabschiede ich mich von Bernardino und den Gästen in der *Romita*. Ich habe das Gefühl, sie alle schon lange zu kennen, obwohl ich nur knapp zwei Tage hier war. Ich will hinab nach Trevi wandern und dann weiter ins Tal von Rieti. Franz von Assisi hat sich oft und gern in jenem Tal aufgehalten. Von der Schönheit dieser Landschaft war er begeistert. Sie war für ihn das Paradies auf Erden.

X.

Der Sultan und der Minderbruder

Zu Pfingsten 1217, Anfang Mai, ist es wieder so weit. Aus allen Himmelsrichtungen kommen die Minderbrüder in ihren braunen Kutten zum alljährlichen Treffen, zum sogenannten »Kapitel«, nach Portiuncula.[135] Tausende sind es inzwischen, die sich auf ein großes Fest freuen. Unterkünfte oder einen besonderen Komfort brauchen die Minderbrüder nicht. Es ist Frühling, die Luft ist warm, überall blüht und grünt es und sie sind an ein Leben in der freien Natur gewöhnt. Alle haben eine Strohmatte dabei. In den Wäldern und den Wiesen rings um das Kirchlein lassen sie sich nieder, wobei ihre Matten tagsüber Schutz vor Sonne und Regen und in der Nacht ihr Bett sind.

Später wird man deshalb vom »Strohmattenkapitel« reden. Dieses Kapitel war, wie die vorhergehenden und die folgenden, keine Konferenz, kein geschäftliches Treffen, keine Mitgliederversammlung, sondern eher ein »Freilufthappening«[136], bei dem es ziemlich lustig und zwanglos zuging. Man tauschte Erfahrungen und Erlebnisse aus, lernte neue Brüder kennen, sang und betete gemeinsam. Manche Bürger Assisis wunderten sich auch, dass Franz dieses Großereignis nicht besser organisierte. Wer sollte diese Massen verpflegen? Franz vertraute darauf, dass sich dieses Problem von selbst lösen werde. Und er behielt recht. Die Minderbrüder waren beim Volk so beliebt, dass aus Assisi und den umliegenden Orten Leute kamen und Lebensmittel und Wein brachten, die für Tage reichten. Alle ließen es sich gut gehen und genossen es, Teil einer Gemeinschaft zu sein, in der keiner über dem anderen stand, keiner mehr hatte als der andere, alle gleich arm waren und sie trotzdem das Leben liebten.

Die fröhliche Stimmung konnte allerdings nicht vergessen machen, dass sich über der Gemeinschaft dunkle Wolken zusammenzogen. Je mehr Männer sich dem *poverello*, dem »kleinen Armen«, wie Franz genannt wurde, anschlossen, desto größer wurde der Druck, der Bewegung eine ordnungsgemäße Struktur zu geben. Für die Kirche gab es nur Gläubige oder Ungläubige. Dazwischen duldete man auf Dauer nichts. Der mündliche Freibrief von Papst Innozenz, mit dem er die Regeln der Gemeinschaft anerkannt und das Predigen erlaubt hatte, war nicht mehr viel wert. Innozenz war im Juli 1216 überraschend gestorben. Sein Nachfolger wurde Kardinal Savelli, der sich nun Honorius III. nannte. Der neue Papst erwartete von Franz, dass er die Regeln eines bestehenden Ordens übernahm. Diese Regeln waren je nach Orden unterschiedlich, doch mussten sie mit den Dogmen der Kirche vereinbar sein.

Als Vorbild wurde ihm der Spanier Dominikus von

Guzmán hingestellt, der ähnliche Ideale wie Franz verfolgte, aber bereitwillig seiner kleinen Schar von Anhängern die Regeln des Augustinerordens verordnet hatte. Die Dominikaner, wie sie sich nannten, erhielten dafür zahlreiche Privilegien. Franz hingegen blieb stur. Regeln bedeuteten für ihn Kontrolle. Und Freiheit war ihm wichtiger als Sonderrechte. »Ich bitte Gott um kein Privileg«, meinte er, »es sei denn um das, keines zu haben.«[137]

Schon seit Jahren kümmerte sich ein kirchlicher Betreuer um Franz und seine Bewegung. Er hieß Ugolino, war Kardinal, Bischof von Ostia und sollte später selbst einmal Papst werden. Ugolino sah sich als väterlicher Freund von Franz und betonte bei jeder Gelegenheit, wie sehr er die Minderbrüder bewundere. Ihre ärmliche Lebensweise rührte ihn manchmal zu Tränen, was ihn allerdings nicht davon abhielt, selbst einen pompösen Lebensstil zu pflegen. Franz hatte großes Vertrauen zu ihm, merkte jedoch nicht, dass Ugolino Pläne mit ihm hatte, die mit seinen Idealen nicht vereinbar waren. Männern wie Ugolino, die geschickt taktieren konnten und strategisch dachten, war Franz hilflos ausgeliefert.

Ugolino war es vermutlich auch, der Franz klarmachte, dass seine Bewegung nun eine Größe erreicht hatte, die eine gewisse Organisation erforderte. Und so wurde beschlossen, das Wirkungsgebiet der Minderbrüder in Italien in Provinzen einzuteilen, in denen jeweils ein Minister eingesetzt wurde, der – und darauf bestand Franz – nicht als Vorgesetzter handeln, sondern sich als Diener seiner Mitbrüder verstehen sollte. Nicht überzeugen konnte Ugolino Franz davon, den Brüdern, die sich in andere Länder begaben, ein Schreiben mitzugeben, das sie unter den Schutz des Papstes stellte. Offenbar glaubte er, dass seine Mitbrüder durch ihr bescheidenes Auftreten auch im Ausland genug geschützt wären. Die Erfahrungen, die die Missionare machen sollten, hat ihn später umdenken lassen.

Nach dem Kapitel von 1217 wurden Gruppen von Minderbrüdern in verschiedene Länder geschickt, nach Frankreich, Spanien, Deutschland und Ungarn. Als sie nach Monaten zurückkehrten, erzählten sie wahre Horrorgeschichten davon, wie es ihnen ergangen war.[138] Ein Grund dafür war, dass sie die fremden Sprachen nicht verstanden, nur einzelne Wörter kannten. In Deutschland hatten sie auf eine Frage mit »Ja« geantwortet und daraufhin Essen bekommen. Als sie beim nächsten Mal wieder mit »Ja« antworteten, wurden sie geschlagen und nackt auf einem Markt vorgeführt. Zu spät hatten sie herausgefunden, dass man sie gefragt hatte, ob sie Häretiker seien und in Deutschland Unruhe stiften wollten. In Ungarn hatten Hirten ihre Hunde auf die Minderbrüder gehetzt und sie waren mit Lanzen so lange traktiert worden, bis sie ihr letztes Kleidungsstück hergaben. Ein Bruder erlangte sogar eine gewisse Berühmtheit, weil er fünfzehn Mal auf diese Weise seine Unterhosen verloren hatte. Die sechzehnte rieb er mit Rindermist ein – und die wollte ihm dann keiner mehr wegnehmen.

Tragischer endete die Mission jener fünf Brüder, die nach Spanien und Nordafrika gingen, wo der Islam herrschte. Anstatt, wie Franz es forderte, auch gegenüber Andersgläubigen »untertänig« zu sein, hatten sie sich auf groteske Weise überheblich verhalten, die Einheimischen provoziert und so ihren Märtyrertod geradezu herausgefordert. Auf Plätzen und in Straßen hielten sie ihre Predigten und schmähten den Propheten Mohammed. Anfangs war man noch nachsichtig mit diesen Missionaren. Man warf sie kurzzeitig ins Gefängnis oder jagte sie aus dem Land. Doch nachdem sie immer wieder zurückkehrten und mit ihren hetzerischen Reden nicht aufhörten, war die Toleranz des Kalifen Abu Jakub erschöpft und er ließ alle fünf enthaupten.

Als Franz vom Tod seiner Mitbrüder hörte, wollte er nicht, dass man aus ihrem Schicksal eine Heldengeschichte machte, die man sich stolz erzählte.[139] Man solle sich der eigenen Leiden rühmen, nicht der anderer, soll er gesagt haben. Diese Form des religiösen Fanatismus war ihm fremd. Dabei war zu dieser Zeit ganz Europa wieder im Kreuzzugsfieber, und den Märtyrertod zu erleiden, galt als höchstes Ziel. Papst Innozenz hatte schon 1213 zum fünften Kreuzzug aufgerufen. Dieses Mal sollte es endlich gelingen, das Heilige Land von den »Ungläubigen« zu befreien. Innozenz hatte nicht nur die Führer der christlichen Welt aufgerufen, sich am Kreuzzug zu beteiligen, sondern alle Christen, ungeachtet ihres Standes und ihrer Fähigkeiten. Am 1. Juni 1217 sollten die ersten Schiffe mit Kreuzfahrern von den Häfen in Brindisi und Messina ablegen. Den »Soldaten Christi« waren die Vergebung ihrer Sünden, Befreiung von Steuern und umfangreiche Vergünstigungen versprochen worden. Eventuelle moralische Bedenken, dass man im Namen Christi tötet, wurden durch das Argument beschwichtigt, dass man nicht Menschen umbringe, sondern das Böse vernichte.

Der neue Papst Honorius sah es als seine von Gott gegebene Aufgabe an, die Pläne seines Vorgängers zu Ende zu führen. Nicht nur sollte eine gewaltige militärische Maschinerie in Gang gesetzt werden, sondern auch »spirituelle Waffen«[140] zum Einsatz kommen. In sämtlichen Kirchen musste für den Erfolg des Kreuzzugs und die Vernichtung der Feinde gebetet werden. Prediger wurden ausgeschickt, die es mit ihren aufwühlenden Reden schafften, dass sich sogar Frauen, Kinder, alte und verkrüppelte Männer freiwillig meldeten, um mit ins Heilige Land zu ziehen. Priester wurden aufgefordert, die Kreuzfahrer zu begleiten, um ihre Kampfmoral zu stärken.

Auch die Minderbrüder konnten sich der allgemeinen Kriegsstimmung nicht entziehen. Von ihnen wurde erwartet, dass sie ihren Teil zum Erfolg der Mission beitragen. Später wurde es so dargestellt, als ob es Franziskus nicht erwarten konnte, mit in den Krieg zu ziehen, und

»von glühender Sehnsucht nach dem heiligen Martyrium« erfüllt gewesen sei.[141] Das ist eine nachträgliche Verfälschung seiner Person. Kein einziges Wort von Franz ist überliefert, das darauf schließen ließe, dass er den Kreuzzug gutgeheißen oder bei der Verteufelung des Islam und seiner Führer mitgemacht hat. Im Gegenteil, er scheint der Einzige gewesen zu sein, der dieser Kriegstreiberei widerstanden hat. Einverstanden war er damit, dass sein Mitbruder Elias in das Heilige Land reiste. Der schien ihm besser für jene Aufgabe geeignet zu sein. Und es sollte sich herausstellen, dass dieser Elias nicht nur ein überzeugter Minderbruder war, sondern auch ein gewiefter Machtmensch, der besser in die Pläne Ugolinos passte als Franz.

Wenn Franz gedacht haben sollte, dass mit der Entsendung Elias' die Erwartungen an die Minderbrüder erfüllt waren, hatte er sich getäuscht. Ugolino gab sich nicht zufrieden. Als Franz zwei Jahre vorher nach Frankreich reisen wollte, hatte Ugolino ihn davon abgehalten, mit der Begründung, er solle sich besser um seine Mitbrüder zu Hause in Italien kümmern. Nun hingegen schien es ihm wichtig zu sein, dass Franz Elias ins ferne Syrien folgt, was bedeutet hätte, dass Franz Monate, vielleicht sogar Jahre abwesend sein würde. Was hatte Ugolino im Sinn? Wollte er Franz loswerden? Gunnar Decker hat in seinem Buch über Franz von Assisi den Verdacht geäußert, dass Ugolino damit rechnete, dass Franz nicht mehr lebend aus dem Heiligen Land zurückkommt und man ihn zum heiligen Märtyrer erklären kann – einen Heiligen, den alle verehren, der aber niemanden mehr stört.[142]

Wie auch immer – jedenfalls verkündet Franz beim Pfingsttreffen 1219, dass er in den Orient reisen will. Wenig später, am 24. Juni, besteigt er das Schiff in Ancona. Begleitet wird er von Pietro di Cattaneo, einem Mitbruder, den er sehr schätzt. Jetzt ist Franz von Assisi auch ein Kreuzfahrer, aber einer, wie man ihn sich bis dahin nicht vorstellen konnte.

Es gibt nur wenige zuverlässige Berichte über Franz' Aufenthalt im Orient. Wenn man aber hinzunimmt, was man über seine Persönlichkeit und über die Grundsätze seines Handelns weiß, dann kann man wohl durchaus eine realistische Vorstellung von dieser Reise erhalten.

Vermutlich kamen Franz und Pietro di Cattaneo Ende Juli in Akkon an, der Hafenstadt, wo die Kreuzritter und Händler aus Europa ihre Niederlassungen hatten. Franz blieb hier nur kurz und reiste weiter nach Ägypten. Dort hatte sich das Hauptheer der Kreuzritter versammelt, um die Stadt Damiette zu belagern und zu stürmen. Der Plan der Anführer war, nicht in den heißen Monaten den Angriff auf Jerusalem zu wagen, sondern erst Ägypten zu erobern, das sehr fruchtbar und reich an Wasser war. Damiette mit seinen achtzigtausend Einwohnern galt als »Schlüssel nach Ägypten«. Die am Nil gelegene Stadt war wegen ihrer Schönheit berühmt und galt als uneinnehmbar wegen ihres dreifachen Mauerrings mit den vielen Türmen. Vor diesen Mauern, nahe dem Meer, hatten die Kreuzfahrer ihr riesiges Lager errichtet. Auf der anderen Seite der Stadt, in einer Biegung des Flusses, hatte die Streitmacht des Sultans Al-Kamil Stellung bezogen.

Für Franz, der gewohnt war, allein oder zu zweit durch die einsamen Landschaften Umbriens oder der Toskana zu wandern, muss die Ankunft im Heerlager ein Schock gewesen sein. Als Jugendlicher hatte er sich das Soldatenleben immer sehr romantisch vorgestellt. Aber das hier war ein chaotisches und lautes Durcheinander. Alle möglichen Sprachen waren zu hören. Englisch, Französisch, Deutsch. Zwischen den unzähligen Zelten hingen Kessel über Feuerstellen, Pferde wurden gefüttert oder beschlagen, Waffen zum Kampf vorbereitet. Neben den Rittern mit dem roten Kreuz auf der Rüstung gab es Soldaten, die eher wie Straßenräuber und Galgenvögel aussahen. Mit den Versorgungsschiffen kamen Kaufleute, Dirnen, zwielichtige Prediger und Wahrsager ins Lager.

Wo kam Franz unter? Kann sein, dass sich Jacques de Vitry, der Bischof von Akkon, der auch im Lager war, um ihn kümmerte. Der Bischof hatte bei einem Aufenthalt in Italien die Minderbrüder kennengelernt und war von ihnen nicht besonders angetan gewesen. Er hielt sie sogar für »gefährlich«, weil ihnen die »klösterliche Zucht« fehle. Franziskus, den er als »einfachen und ungebildeten Mann« beschrieb, schätzte er zwar, sah aber mit Unbehagen, dass im Lager einige Kleriker aus England und Frankreich so beeindruckt waren von ihm, dass sie sich seiner Bewegung anschlossen.[143] Jacques de Vitry war einer der glühendsten Verfechter des Heiligen Krieges und hatte im Vorfeld viele Länder bereist, um die Menschen dafür zu begeistern, ihr »Blut für Christus« zu geben. Was die Folgen dieser religiösen Propaganda waren, das konnte Franz nun hautnah erleben.

Die ersten Versuche, die Mauern von Damiette zu überwinden, waren gescheitert. Immerhin hatte man einen gewaltigen Turm erobert, von dem eine riesige Kette über den Nil gespannt war, um Schiffe aufzuhalten. Ihre große Chance sahen die Kreuzritter gekommen, als die Späher beobachteten, dass die Soldaten des Sultans ihre Zelte abbrachen und sich ins Hinterland zurückzogen. Die Kreuzfahrer setzten ihnen nach und merkten nicht, dass sie in eine Falle liefen. Die moslemischen Krieger hatten sich in den Sanddünen versteckt und fielen nun über die überraschten Christen her. Die Verluste waren hoch. Über viertausend Tote waren zu beklagen und viele der nobelsten Ritter waren gefangen genommen worden. Franz erfuhr von dem Massaker durch Zeugen, mit eigenen Augen sah er, wie die Toten und Verletzten ins Lager zurückgebracht wurden.

Nach diesem Sieg wollte der Sultan Frieden schließen. Er bot einen Waffenstillstand und die Freilassung der Gefangenen an. Er war sogar bereit, den Christen Jerusalem kampflos zurückzugeben. Einige der christlichen Heerführer wollten dieses Angebot annehmen. Nur der Legat des Papstes, Pelagius, der den Oberbefehl beanspruchte und stets im purpurnen Ornat auftrat, wollte davon nichts wissen. Er lehnte es grundsätzlich ab, mit Ungläubigen zu verhandeln. Außerdem, so seine Begründung, wäre es bei einer kampflosen Befreiung der Heiligen Stätten nicht mehr möglich, als Märtyrer zu sterben und so das ewige Heil zu erlangen.

Es war wohl in dieser Situation, als Franz seine Entscheidung traf. Er wollte ins Lager der Feinde und mit dem Sultan reden. Pelagius wollte es ihm anfangs nicht erlauben, für ihn war dieses Vorhaben reiner Selbstmord. Doch als Franz entschlossen blieb, gab er nach. Und so ging Franz los, natürlich unbewaffnet, barfuß, bekleidet nur mit seiner abgetragenen Kutte. Als er auf die Wachen traf, wäre es mit seiner Mission fast vorbei gewesen. Sie verprügelten ihn und hätten ihn wohl entweder getötet oder zu seinen Leuten zurückgeschickt, wenn er nicht dauernd »Sultan! Sultan!« gerufen hätte. Den Wachen kamen nun Zweifel, ob es sich bei diesem seltsamen Mann vielleicht doch um einen Vermittler handelte, und brachten ihn ins Zelt des Sultans.

Wie die Begegnung des Franz von Assisi mit dem Sultan ablief, weiß man nicht. Zeugenberichte gibt es nicht. Und Franz hat entweder darüber wenig erzählt oder seine Erinnerungen wurden nicht weitergegeben. Dieses

Nichtwissen hat die Fantasie vieler Autoren beflügelt und sie füllten diese Lücke mit Geschichten, die eher erzählen, wie sie sich wünschten, dass diese Begegnung gewesen wäre. So wurde behauptet, dass Franz mit dem Sultan und seinen Beratern ein theologisches Streitgespräch anfing und sogar eine »Feuerprobe« forderte, mit welcher er entscheiden wollte, wer den wahren Glauben hat.[144]

Das sind völlig unbewiesene Annahmen und sie passen in keiner Weise zu seinem sonstigen Verhalten. Abgesehen von der Sprachbarriere hätte er, der sich immer »Idiot« nannte, nie ein Streitgespräch geführt oder führen können. Und schon gar nicht vorstellbar ist es, dass er versuchte, dem Sultan seinen Glauben aufzudrängen. Im Umgang mit Andersgläubigen solle man sich, so legte er später fest, als Christ bekennen, aber »weder zanken noch streiten, sondern um Gottes willen jeder menschlichen Kreatur untertan« sein.[145] Und »jeder« heißt allen, nicht nur Christen. Im Kirchenrecht war es ausdrücklich verboten, sich als Christ den Anhängern anderer Religionen zu unterwerfen. Insofern war die Forderung von Franziskus ein ungeheuerlicher Verstoß gegen kirchliche Vorschriften.

Wenn man das alles bedenkt, dann ist es am wahrscheinlichsten, dass Franz sich benahm wie in der Geschichte vom Wolf von Gubbio – er machte sich den Sultan vertraut. Und er entdeckte, dass dieser Mann keine »grausame Bestie«[146] war, wie ihn der Bischof von Akkon nannte, sondern ein sehr kluger, kenntnisreicher und frommer Herrscher. Sultan al-Malik al-Kamil, wie er mit vollem Namen hieß, war einer der gebildetsten Männer seiner Zeit. Und es spricht für seine Toleranz und Aufgeschlossenheit, dass er Franz nicht gleich wieder wegjagte, sondern diesen ungewöhnlichen Mönch näher kennenlernen wollte.

Offenbar erinnerte ihn Franziskus in seinem ganzen Auftreten an die Mystiker in seiner Religion, die Sufis. Diese islamischen Mystiker trugen ebenfalls ein einfaches Wollgewand und führten ein Leben in Wanderschaft und Gebet. Der Sultan schätzte die Tugenden der Sufis, ihre Bescheidenheit, ihre selbst gewählte Armut, ihre Ungebundenheit und ihre Spiritualität – Eigenschaften, die er offenbar auch an diesem unscheinbaren kleinen Mann aus dem fernen Italien entdeckte.

Er war von Franziskus so angetan, dass er ihm erlaubte, länger in seinem Lager zu bleiben. Eine Woche oder sogar einen Monat soll er sich bei seinem Gastgeber aufgehalten haben. Der Schriftsteller Navid Kermani geht davon aus, dass die beiden als Freunde auseinandergingen.[147] Beim Abschied soll der Sultan Franz ein kunstvolles Horn aus Elfenbein geschenkt und zu ihm gesagt haben: »Bete für mich, dass Gott mir gnädig offenbare, welches Gesetz und welcher Glaube ihm mehr gefalle.«[148]

Eigentlich hatte Franz von Assisi nur das getan, was Jesus von allen Menschen fordert, nämlich seine Feinde zu lieben. Wer mit dieser Forderung Ernst macht, gilt allerdings schnell als weltfremd und politisch naiv. Für den Theologen und Psychotherapeuten Eugen Drewermann ist der Besuch des Franz von Assisi bei al-Kami »der wohl berühmteste Versuch in der abendländisch-christlichen Geschichte, einen Krieg allein mit geistigen Mitteln zu verhindern«. Auch wenn Franziskus letztendlich den Krieg nicht verhindern konnte, hat er für Drewermann erkannt, dass der tiefste Grund für Gewalt und Krieg Angst ist. »Wovor hast du Angst?«, soll er einen schwer bewaffneten Krieger gefragt haben.[149]

Seine Weigerung, etwas zu besitzen, ist die Weigerung, sich eine falsche Sicherheit zu verschaffen. Falsch ist diese Sicherheit, weil sie vergeblich versucht, eine Angst zu beruhigen, die existenziell ist. Für Philosophen wie Søren Kierkegaard oder Jean-Paul Sartre gehört diese Angst zu jedem Menschen von Geburt an. Es ist die Angst, unberechtigt auf dieser Welt zu sein. Die Angst, wie es Sartre bildlich ausdrückt, in einem Zug zu sitzen und nach seiner Fahrkarte gefragt zu werden. Wie ein Mensch mit dieser Angst umgeht, entscheidet über sein Leben. Franz von Assisi, der oft von Schuldgefühlen geplagt wurde, konnte diese Angst nur überwinden, wenn er sich von Gott angenommen wusste. Er beschrieb das mit den schönen biblischen Worten, dass Gott ihm sein »Antlitz«, also sein Gesicht zuwendet.[150] Dadurch erhielt er einen inneren Frieden und eine Gewissheit, gewollt und geliebt zu sein, die ihm sonst nichts und niemand geben konnte.

Wenn diese Gewissheit fehlt und man sich auf Ersatz-Sicherheiten verlässt, kommt für Franz von Assisi ein Prozess in Gang, der unweigerlich zu Gewalt und Krieg führt. »Erst die Angst, dann Hass, dann Krieg und schließlich noch tieferer Hass«, so hat Martin Luther King diesen fatalen Kreislauf beschrieben.[151] Ganz ähnlich hat der Theologe Dietrich Bonhoeffer vor einem falschen Sicherheitsdenken gewarnt, als im August 1934 in Europa die Angst vor einem neuen Weltkrieg um sich griff. »Wie wird Friede?«, fragte er in einem Vortrag. »Durch ein System von politischen Verträgen? Durch Investierung internationalen Kapitals in den verschiedenen Ländern? D. h. durch Großbanken, durch das Geld? Oder gar durch eine allseitige friedliche Aufrüstung zum Zweck der Sicherstellung des Friedens? Nein, durch dieses alles aus dem Grunde nicht, weil hier überall *Friede* und *Sicherheit* verwechselt wird. Es gibt keinen Weg zum Frieden auf dem Weg der Sicherheit. Denn Friede muss gewagt werden, ist das große Wagnis, und lässt sich nie und nimmer sichern. Friede ist das Gegenteil von Sicherung, Sicherheiten fordern heißt Misstrauen haben und dieses Misstrauen gebiert wiederum Krieg.«[152]

Weniger durch seine Worte als durch sein Verhalten erwies sich Franziskus als Friedensstifter.[153] Was allerdings seine Mitchristen in Damiette unter Feindesliebe verstanden, musste er Anfang November 1219 miterleben. Die

Belagerer von Damiette wurden durch neue Truppen verstärkt. Die Bewohner waren durch die lange Belagerung so geschwächt und krank, dass die Stadt schließlich widerstandslos eingenommen werden konnte. Als der Sultan auf einem der Türme in der Stadtmauer die Fahne der Kreuzritter wehen sah, zog er sich mit seinen Truppen zurück. Die christlichen Eroberer richteten ein schreckliches Blutbad an. In den Straßen und Häusern türmten sich Berge von Leichen. Von den achtzigtausend Einwohnern blieben nur noch dreitausend übrig. Wer überlebte, wurde in die Sklaverei verkauft. Kinder wurden, bevor sie starben oder verschleppt wurden, von Pelagius getauft. Als die christlichen Truppen weiterzogen, brach in der geplünderten Stadt die Pest aus.

Tief erschüttert und angewidert vom Morden und Plündern seiner Glaubensbrüder, verließ Franz Damiette. Von da an verlieren sich seine Spuren. Sicher ist, dass er monatelang im Heiligen Land unterwegs war, ohne Gepäck und Geld. Vertraute er auf die Gastfreundschaft der Einheimischen? Man weiß bis heute nicht, was er in dieser langen Zeit gemacht hat. Einige vermuten, dass das Geschenk des Sultans – das Horn aus Elfenbein – wie ein Empfehlungsschreiben war und ihm viele Türen öffnete. Er soll sogar in Jerusalem die heiligen Stätten besucht haben, obwohl dies der Papst ausdrücklich verbot, solange diese von den Ungläubigen besetzt waren. Navid Kermani glaubt, dass Franz umherwanderte und Land, Leute und die islamische Religion kennenlernte. Kermani kann sich auch gut vorstellen, dass Franz in Moscheen kniete und sich aus dem Koran übersetzen ließ. Die Historikerin Kathleen Warren ist überzeugt, dass Franz von Assisi tief von der Kultur des Landes und vom islamischen Glauben beeindruckt war. »Was immer andere von den Sarazenen dachten«, so schreibt sie, »Franziskus lernte sie als gläubige, betende, vom Frieden erfüllte Menschen kennen.«[154]

Es muss im Frühjahr 1220 gewesen sein, Franz saß gerade mit Pietro beim Essen, als plötzlich ein Mitbruder vor ihnen stand, der eigentlich in Italien sein sollte. Dieser Stefano hatte unerlaubterweise die weite Fahrt übers Meer gemacht und berichtete nun aufgeregt, dass in seiner Abwesenheit von Mitbrüdern Neuerungen und Regeln eingeführt worden seien, die dem Geist der Bewegung zuwiderliefen. Unter anderem hatte man festgelegt, an welchen Tagen kein Fleisch gegessen werden durfte.

»Was machen wir jetzt damit?«, fragte Franz auf seinen Teller schauend, auf dem ein Stück Fleisch lag, das er nach der neuen Anordnung nun eigentlich nicht essen durfte.

»Was Ihr für richtig haltet«, meinte Pietro.

»Dann essen wir, was auf den Tisch kommt«, antwortete Franz.

Anschließend, so berichtet es Giordano di Giano, beendete er in Ruhe seine Mahlzeit. Und er beschloss, nach Italien zurückzukehren.[155]

~

An der Gedenktafel bin ich fast vorbeigelaufen. Unscheinbar ist sie an einer Hauswand in Piediluco angebracht. Sie erinnert daran, dass hier gegen Ende des Zweiten Weltkriegs von deutschen Soldaten Partisanen ermordet wurden. Der Krieg kommt überallhin, auch in eine so abgelegene und wunderschöne Landschaft wie die um den See von Piediluco. Früh morgens bin ich von Terni losmarschiert, durch die Vorstadt hinauf zu den imposanten Marmore Wasserfällen, und weiter, den Fluss Velino entlang nach Piediluco. Auf der Terrasse einer Bar am Seeufer trinke ich einen Espresso. Ich kann verstehen, dass Franz von Assisi diese Gegend oft aufgesucht hat. Der See mit den darum herumliegenden Bergen ist paradiesisch und strahlt eine große Ruhe aus. Verbürgt ist, dass Franz sich oft über den See rudern ließ. Hier soll sich auch die Geschichte ereignet haben, wie Franziskus einen gefangenen Fisch wieder ins Wasser warf und der aus Dankbarkeit lange neben dem Boot herschwamm.

Vom See aus ist Franz hinaufgewandert zu einer Höhle oder Grotte, wo er lange Zeit mit Meditieren verbrachte. Die Höhle kann man heute noch sehen, oberhalb des Ortes Poggio Bustone. Hier soll Franz schwere innere Kämpfe durchlitten haben, weil er nicht mehr wusste, wie es mit seiner Bewegung weitergehen soll und ob er ein Vorbild und Anführer sein kann. Aus dieser Verzweiflung befreite ihn das Erlebnis einer göttlichen Nähe, wie er es nie wieder erlebt hat. Tiefste Seelennot und höchste Erlösung lagen hier nahe beieinander. Franz machte die Erfahrung, dass es keine Garantie gibt für göttliche Zuwendung. Gott konnte sein »Antlitz« vor ihm verbergen. Dann nahmen die »Dämonen« von ihm Besitz und er war hilflos dem Glauben ausgeliefert, nichts wert zu sein. Teresa von Ávila nannte solche schlimmen Tage »Trockenzeiten«. Heute würde man wohl eher von Depressionen sprechen.

In meiner Ausgabe der *Fioretti* gibt es eine schöne Geschichte, die erzählt, wie Franziskus in einer solchen Trockenzeit von seinem Freund und Mitbruder Leo gerettet wurde.[156] Sie waren in einer Grotte untergekommen und Franziskus hatte die ganze Nacht keine Ruhe gefunden. Er klagte sich an als den schlimmsten Sünder und wertlosesten Menschen und er wollte, dass Leo die Rolle Gottes übernimmt und ihm diese Klagen bestätigt. Leo war einverstanden. Doch anstatt ihn im Namen Gottes zu verdammen und zu erniedrigen, gab er Franziskus nach jeder von dessen Selbstanklagen zur Antwort, dass Gott ihn segne und Gottes Gnade immer größer sei als alle seine Sünden.

Franziskus wurde schließlich wütend und wollte von Leo wissen, warum er sich nicht an die Abmachung halte und immer das Gegenteil von dem sage, was er sagen sollte. Da meinte Leo: »Gott weiß, liebster Bruder, dass ich mir jeweils vorgenommen habe, so zu antworten, wie du es wolltest; aber Gott ließ mich sagen, was ihm gefällt, nicht, was ich mir vorgenommen habe.« Und Leo wiederholte nochmals, dass Gott Franziskus nie fallenlassen und ihm immer sein »Antlitz« zuwenden werde.

Da weinten beide und draußen brach der Tag an.

XI.

Was der Mensch sein kann

Besonders gesund war Franz noch nie gewesen. Schon das zarte Kind hatte seinen Eltern Sorgen bereitet. Und als junger Mann hatte er oft wochenlang mit Fieber im Bett gelegen. Das Leben als Minderbruder war nicht dazu angetan, seine Gesundheit zu stärken. Das Umherwandern bei Kälte, Regen und Schnee, der Aufenthalt in Höhlen, Grotten und zugigen Hütten, das oft karge Essen und die spärliche Kleidung – all das hatte seinem Körper, dem »Bruder Leib«, sehr zugesetzt. Unter der stechenden Sonne des Orients hatten seine Augen gelitten. Sie tränten unentwegt und er sah nicht mehr gut.

Franz ignorierte diese Leiden mehr oder weniger. Ein inneres Feuer wärmte ihn besser, als es jede Kleidung konnte, so heißt es in einem Quellentext.[157] Körperliche Beschwerden waren der Preis für seine Lebensweise, den zu zahlen er bereit war. Auf keinen Fall jedenfalls wollte er diese Lebensweise ändern. Dieses Ideal wollte er nie aufgeben. Doch ist dieses Ideal auch für andere lebbar? Überfordert Franziskus seine Mitmenschen? Muss man sein Ideal nicht der Realität anpassen, um es zu retten? Oder zerstört man es gerade dadurch?

Seine Mitbrüder in Italien waren überrascht, ihn wiederzusehen. Ein Jahr lang war er weg gewesen und in seiner Abwesenheit hatten Gerüchte die Runde gemacht, dass Franz getötet worden oder ertrunken sei. Nicht alle freuten sich darüber, ihn lebendig zu sehen. Einige Mitbrüder hatten eigenmächtige Entscheidungen getroffen, mit denen Franz ganz und gar nicht einverstanden war. Einer hatte in Rom um Privilegien für die inzwischen zahlreichen Frauenklöster gebeten, die auf Initiative von Klara entstanden waren. Ein anderer hatte einen eigenen Orden für Aussätzige gegründet. Und ein dritter hatte strenge Fastenvorschriften erlassen. Das waren für manche geringe Veränderungen. Für Franz jedoch hatte ein Geist der Reglementierung und Verrechtlichung Einzug gehalten, der dem Geist seiner Bewegung zuwiderlief.

Richtig zornig wurde er, als er nach Bologna kam und feststellen musste, dass dort ein Studienhaus errichtet worden war. Nicht nur ärgerte es ihn, dass Mitbrüder in einem Haus wohnten, was er strikt ablehnte. Wütend machte es ihn, dass es ein Studienhaus war, also eine theologische Schule. Er verlangte von allen Bewohnern, sofort aus dem Gebäude auszuziehen. Nicht einmal den bettlägerigen Kranken erlaubte er zu bleiben. Und als der Leiter der Einrichtung, ein gewisser Pietro Stacia, sich ihm widersetzte, verfluchte er ihn.[158] Was war in den sonst so sanften Franz gefahren? Was brachte ihn so in Rage? Was hatte er gegen Studien und Theologie, wo doch überall die

Wissenschaften im Aufschwung waren? Neben Bologna gab es die berühmten Universitäten in Paris und Oxford und fast jedes Jahr wurden neue Hochschulen in Italien und Europa gegründet.

Franziskus war nicht grundsätzlich gegen Wissenschaft, er hatte große Hochachtung vor Theologen und einige seiner liebsten Mitbrüder waren theologisch gebildet. Theologie hatte für ihn aber nur dann eine Berechtigung, wenn sie half, die biblischen Texte tiefer zu verstehen. Allerdings machte er oft genug die Erfahrung, dass das Studium der biblischen Texte zum Selbstzweck wurde und die lebensverändernde Kraft dieser Worte damit verloren ging. Hatte nicht Jesus selbst vor den Schriftgelehrten gewarnt, die den Schlüssel zum Himmelreich in Händen halten, selbst aber nicht hineinkommen? (Mt, 23,4–33) Im gleichen Sinn warnt Franziskus vor jenen, die von Gott erzählen und die Schriften über ihn auslegen, aber dabei nur an »Ruhm und Ansehen« denken und »innerlich kalt und leer« werden.[159]

Was Franz von Assisi meint, hat der Philosoph Søren Kierkegaard zu verdeutlichen gesucht mit der Geschichte von einem Mann, der auf einer Reise in ein fernes Land eine Frau kennen und lieben lernt und nach seiner Rückkehr von ihr einen Liebesbrief erhält. Um den Brief lesen zu können, muss er erst die fremde Sprache erlernen. Das dauert Jahre. Und um auch die Feinheiten und Zwischentöne des Briefes zu verstehen, beschäftigt er sich intensiv mit der Kultur und Geschichte des Landes der Geliebten. Schließlich beherrscht er ihre Sprache perfekt und ist, nach vielen Jahren, zum anerkannten Experten für das ferne Land geworden. Die Geliebte allerdings hat er darüber vergessen. Aus dem Liebenden ist ein Lehrender geworden, der nun Vorträge hält.[160]

Franz möchte lieber ein *»idiota«*, also ein ungelehrter, geistig armer, einfältiger *poverello* bleiben. Er musste nicht die ganze Bibel studieren, um zu wissen, wie er leben soll. Denn, so meint er, »der Mensch weiß nur so viel, wie er in die Tat umsetzt«.[161] Die Minderbrüder sollen kein Orden von Gelehrten werden, sondern einfache Pilger bleiben, die allen »untergeben« sind – auch im Wissen. Die Erfahrung mit dem »Brüderhaus« in Bologna und die neuen Regeln haben ihm aber gezeigt, dass hier eine Entwicklung eingesetzt hat, die er vielleicht nicht mehr aufhalten kann. Überhaupt kam es Franz vor, als würde sich eine Schlinge immer enger um seinen Hals ziehen. Vorschriften engten die Freiheit der Minderbrüder zunehmend ein.

Papst Honorius III. bestimmte, dass jeder, der den Minderbrüdern beitreten will, eine Prüfungszeit durchlaufen muss. Bunte Vögel wie Leo, Egidio oder der Bruder Ginepro hätten keine Chance mehr, aufgenommen zu werden. Zudem verschärfte der Papst den Kampf gegen die Ketzer. Dazu brauchte Honorius III. die weltliche Macht. Am 20. November 1220 krönte er Friedrich II. in Rom zum Kaiser. Der bedankte sich mit drastischen Ketzergesetzen. Nun wurde auch jenen, die der Häresie lediglich verdächtig waren, mit Vernichtung, Kerker und dem Scheiterhaufen gedroht. Und gehörten Franziskus und seine Minderbrüder nicht längst zu den Verdächtigen? Wie sollte er sich angesichts dieser Gefahren verhalten?

Franz tat nun etwas, was auf den ersten Blick rätselhaft erscheint. Er ging nach Rom und bat den Papst, seiner Bewegung einen Protektor, also einen Beschützer oder Schirmherrn zu geben. Auf die Frage des Papstes, wen er sich wünsche, antwortete er: den Kardinal Ugolino. Der Papst war einverstanden. Franz wusste, dass Ugolino der verlängerte Arm des Papstes war und die Umwandlung seiner Bewegung in einen regulären Orden vorantreiben würde. Unterwarf er sich also Rom? War ihm alles über den Kopf gewachsen? Hatte seine Brüderschaft eine Größe erreicht, mit der er nicht mehr zurechtkam? Resignierte er? Oder war er mit dieser »Zähmung«[162] einverstanden?

Franz von Assisi war kein Träumer. Er sah sehr wohl, dass die Eingliederung seiner Gemeinschaft in das kirchliche System unvermeidbar war. Und wenn er diese Vereinnahmung nicht verhindern konnte, so wollte er es doch wenigstens nicht mit einem anonymen Machtapparat zu tun haben, sondern mit einem einzelnen Vertreter, den er kannte und den er vielleicht noch beeinflussen konnte. Eben das war Kardinal Ugolino. Andererseits wollte er seine und die Ideale seiner Gemeinschaft retten. Sie aufzugeben, hätte bedeutet, alles zu verlieren, woran er glaubte und wofür er lebte. Wären diese Ideale in einem Kompromiss noch erhalten geblieben? Und wenn er für sie eintreten wollte – wie sollte er sich wehren? Offene Auflehnung war aussichtslos und gefährlich. Für einen wie Franziskus, der allen »untergeben« sein wollte, war eine offene Konfrontation ausgeschlossen. Er war kein Rebell, ebenso wenig ein Befehlshaber, der seine Leute zum Ungehorsam aufruft, oder ein Anführer, der sich an die Spitze einer aufrührerischen Menge stellt. Er möchte nicht zum »Scharfrichter« werden, sagt er einmal, und schon gar nicht auftreten wie die »Machthaber dieser Welt«.[163]

Die einzige »Waffe«, die Franz hatte, war er selbst. Alles, was er könne und wolle, sei, »ein gutes Beispiel geben«.[164] Allein durch die Art, wie er lebte, konnte er anderen ein Vorbild sein. Ob ihm jemand folgte, darauf musste er vertrauen. Zwingen konnte und durfte er niemanden. Nachfolge musste freiwillig sein. Franz von Assisi steht mit seinem Verhalten in einer Reihe von Gestalten der Geschichte, die durch ihr persönliches Vorbild wirkten und für die Widerstand nur passiv, gewaltlos erlaubt ist. An erster Stelle ist hier natürlich Jesus von Nazaret zu nennen. In diese Reihe gehören auch Namen wie Henry David Thoreau, Mahatma Gandhi, Mutter Teresa, Nelson Mandela, Martin Luther King und viele andere mehr.

King wies darauf hin, dass der Weg des gewaltlosen Widerstands keineswegs darin besteht, nichts zu tun und alles

Unrecht nur nachgiebig hinzunehmen. Mag ein Anhänger dieser Einstellung auch körperlich passiv sein, so ist er doch »geistig stark aktiv«. Ihm geht es nicht darum, einen Gegner zu vernichten oder ihn zu demütigen, sondern ihn zum Umdenken zu bewegen. Das persönliche Beispiel ist eine Einladung zur Veränderung, kein Zwang. Das Risiko, zu scheitern, selbst Schaden zu erleiden oder sein Leben zu verlieren, muss dabei in Kauf genommen werden. »Gewaltloser Widerstand«, so Martin Luther King, »ist keine Methode für Feiglinge.«[165]

Der Kardinal Ugolino von Ostia gehörte vermutlich zu jenen, die erwartet hatten, dass Franziskus nicht mehr aus dem Heiligen Land zurückkommt. Ansonsten wäre er eingeschritten, als jene drei Minderbrüder sich während dessen Abwesenheit Sonderwege erlaubten. Jetzt, da Franziskus wieder im Lande war und sich ihn zum Protektor wünschte, nahm Ugolino jene Veränderungen wieder zurück, was darauf schließen lässt, dass ihm die Sache ziemlich peinlich war. Nur das Studienhaus in Bologna blieb bestehen, weil es Eigentum Roms war.

Gleichzeitig ging Ugolino daran, die Bewegung des Franz von Assisi zu reformieren. Geplant war, dass es in Zukunft den Minderbrüdern nicht mehr erlaubt sein sollte, in der Gegend herumzuwandern. Jeder sollte an einen Ort gebunden sein, den er nur noch mit Erlaubnis verlassen durfte. Die großen alljährlichen Treffen bei der Portiuncula-Kirche wären dann natürlich auch nicht mehr möglich. Es sollten nur noch die Minister, also Funktionäre, alle drei Jahre zusammenkommen, um über wichtige Fragen zu beraten.

Es gab jedoch ein großes Problem bei diesen Plänen – und das war Franziskus. Er war hoch angesehen, galt vielen als Heiliger, doch als Vertreter der Minderbrüder, der diese Veränderungen mittragen sollte, war er für Ugolino denkbar ungeeignet. Er konnte weder organisieren noch war er diplomatisch. So wies er entschieden Ugolinos Angebot zurück, einigen Minderbrüdern ein kirchliches Amt zu geben. Kein Minderbruder solle sich »anmaßen, etwas Größeres zu werden«, erwiderte er dem Kardinal.[166] Verstand Ugolino nicht, dass es zum Armutsideal von Franziskus gehörte, keine Hierarchie zuzulassen? Dieses Ideal gehörte zum Kern seines Glaubens, und solange er daran festhielt, stand er jeder Reform im Sinne Roms im Weg.

Insofern ist es verständlich, dass Ugolino nichts dagegen hatte, als Franz bei einem »Mattenkapitel« Ende September 1220, wohl auch aus gesundheitlichen Gründen, die Leitung seiner Bewegung abgab an Pietro di Cattaneo, der ihn schon auf der Orientreise begleitet hatte. Franz schätzte Pietro sehr. Obwohl er hochgebildet war, konnte sich Franz darauf verlassen, dass er sich als »Diener« seiner Mitbrüder sah und die Grundsätze der Bewegung vertrat. Darum muss es für Franz ein Schock gewesen sein, als Pietro nur wenige Monate nach seiner Ernennung, am 10. März 1221, überraschend verstarb.

Sein Nachfolger sollte bei der nächsten Versammlung am 30. Mai bestimmt werden.

Dieses Generalkapitel zu Pfingsten 1221 war die letzte Versammlung, bei der alle Minderbrüder zusammenkamen. Giordano di Giano, der mit dabei war, spricht von dreitausend Teilnehmern, aber wahrscheinlich waren es viel mehr. Giordano berichtet, dass die Brüder wieder vom Volk aus der Gegend reichlich versorgt wurden und dass eine ausgelassene, fröhliche Stimmung herrschte. Getrübt wurde sie nur durch die unübersehbare Tatsache, dass es Franz schlecht ging. Er war so krank und so schwach, dass er kaum reden konnte. Das übernahm für ihn jetzt Elias von Cortona, dem die Leitung übertragen wurde. Franz saß zu dessen Füßen und zog Elias an seiner Kutte, wenn er wollte, dass er etwas verkündet.

Welche Rolle der Kardinal Ugolino bei der Wahl des Elias gespielt hat, weiß man nicht. Ohne Zweifel aber war Elias genau der Mann, den er für seine Pläne brauchte. Er war ehrgeizig, politisch geschickt, durchsetzungsstark und tatkräftig. Franz schätzte ihn, vielleicht gerade, weil ihm selbst diese Eigenschaften fehlten. Mag sein, dass er Elias für den besseren Verhandlungspartner in den Gesprächen mit Ugolino hielt. Immerhin war Elias auch ein Minderbruder. Hätte er bedenken sollen, dass die gefährlichsten Gegner oft aus den eigenen Reihen kommen? Der Schriftsteller G. K. Chesterton hat diese zwei Gesichter des Elias von Cortona auf den Punkt gebracht, als er schrieb, er habe »ein franziskanisches Gewand ohne ein franziskanisches Herz«.[167]

Mit der Ernennung des Elias war Franz mehr oder weniger ausgebootet. Über ihn hinweggehen konnte man jedoch nicht. Er war der Gründer und die Seele der Bewegung, auch wenn immer mehr seiner Mitbrüder lieber Elias als ihren Anführer gesehen hätten. Die Ordensregeln, die Rom nun forderte, konnte man nicht erstellen, ohne Franz einzubeziehen. Also forderte man ihn auf, Vorschläge zu machen. Franz machte sich ans Werk, wobei er sich beraten ließ von Mitbrüdern, die gebildeter waren als er und seine Worte mit Bibelzitaten und theologischen Begründungen schmückten und ergänzten. Als er fertig war, übergab er das Ergebnis Elias. Der musste ihm einige Zeit danach mitteilen, dass die Schrift leider verloren gegangen sei. Dass Elias sie hat verschwinden lassen, lässt sich nicht beweisen, man kann es immerhin vermuten, da er später auch wenig Skrupel zeigte, wenn es galt, seine Interessen durchzusetzen.

Franz lagen solche Verdächtigungen sicher fern. Ohne den Verlust groß zu beklagen, wollte er seine Vorschläge gleich noch einmal zu Papier bringen. Dazu zog er sich mit Leo, der nun so etwas wie sein Sekretär war, und einem Bruder namens Bonizio in die Klause Fonte Colombo nahe Rieti zurück. Wie groß die Vorbehalte ihm gegenüber schon waren, sollte er bald erfahren. Elias tauchte eines Tages bei ihm auf, mit einer Gruppe Minderbrüder im Schlepptau. Verlegen erklärte er Franz, dass ihn diese Männer gebeten hätten, mit ihm zu reden. Offenbar hatten sie den verloren gegangenen ersten Entwurf gelesen und fürchteten nun, dass Franz das Gleiche noch mal schreibt.

Elias teilte Franz nun mit, dass sie sich nicht an seine Regeln halten wollten, weil sie ihrer Ansicht nach viel zu streng und für eine größere Gemeinschaft nicht praktikabel seien. »Er soll die Regel für sich und nicht für uns machen«, ließen sie ihm ausrichten.[168] Franz war bestürzt über diese unverhohlen feindliche und hämische Bemerkung. Er berief sich auf Gott und meinte, dass jeder, der sich nicht an die Anweisungen halten wolle, die Gemeinschaft verlassen könne. Hatten die unzufriedenen Mitbrüder vielleicht recht? Waren seine Anforderungen zu streng? Konnte nur er selbst sie einhalten und waren sie für andere Menschen unzumutbar?

Der Regelentwurf, den Franziskus mit seinen Helfern in Fonte Colombo verfasste, wurde vom Papst nicht angenommen oder, wie man damals sagte, nicht bulliert, also nicht als »Bulle«, als offizielle päpstliche Verlautbarung, anerkannt. Franziskus musste weiter einen Kompromiss suchen, in dem seine zentralen Ansichten nicht verloren gingen. Bereits der abgelehnte Entwurf zeigt, dass beide Seiten ein fundamentaler Gegensatz trennt. Während für die Kirche Regeln dazu da sind, Glaubensinhalte festzulegen, vorzuschreiben, zu verordnen, um Kontrolle auszuüben und gegebenenfalls ein Fehlverhalten zu bestrafen, will Franz eine »spirituelle, geisterfüllte Gemeinschaft«[169]. Das ist eine Gemeinschaft, die für alle offen sein soll, ohne Vorbedingung, ohne »Ansehen der Person«[170], egal, ob arm oder reich, gebildet oder ungebildet, »Freund oder Feind, Dieb oder Räuber«[171]. Jedem Minderbruder ist es überlassen, *freiwillig* die Grundsätze des Zusammenlebens anzunehmen, als da sind: keine Rangordnung, kein Oben und Unten, kein Besitz, keine Ämter, Arbeit und Armut.

Wer diese Lebensweise aus Überzeugung und tiefem Glauben wählt, für den sind die Anforderungen keine Härten, zu denen er sich überwinden oder gezwungen werden muss. Er nimmt sie gern und mit Freude auf sich. Franziskus akzeptiert es aber auch, dass es Mitbrüder gibt, die sich mit den Erwartungen schwertun oder sie manchmal nicht einhalten können. Sie sollte man, so fordert er, nicht bestrafen, nicht schlechtmachen oder beschämen, sich ihnen gegenüber auch nicht als besserer Christ aufspielen, sondern ihnen immer mit Nachsicht und Barmherzigkeit begegnen. Zu der Freiheit der Minderbrüder gehört es für Franz auch, dass sich jeder Einzelne sein Gewissen bewahrt und das Recht hat, sich Anordnungen zu widersetzen, wenn diese dem Gewissen widersprechen.[172]

Was Franz von Assisi von Männern wie dem Kardinal Ugolino von Ostia oder Elias von Cortona trennt, sind nicht unterschiedliche Ansichten zu einzelnen Fragen, sondern völlig verschiedene Einstellungen zu Welt und

Leben. Es sind, philosophisch gesprochen, verschiedene »Seinsweisen«. Der Philosoph Erich Fromm hat diese zwei Lebensformen mit dem Gegensatzpaar »Haben oder Sein« zu fassen versucht.[173]

Mit diesem »oder« weist Fromm darauf hin, dass es hier um »Existenzweisen« geht, die man nicht in einem Kompromiss verbinden kann, sondern die absolute Gegensätze sind. »Haben« entspricht dabei dem, was Franz von Assisi mit »Besitz« meint. Es ist eine Beziehung zur Welt, die darauf beruht, dass man sich definiert über das, was man hat, worüber man verfügt, das man benutzen kann. Ständig begleitet wird diese Haltung von der Angst, zu verlieren, was man hat, weswegen man es schützen, gegen andere verteidigen muss. Diese »Besitzstruktur der Existenz« durchzieht alle Bereiche des Lebens. Wissen wird zu Befehlswissen, um sich Vorteile zu verschaffen und als Mittel zum sozialen Aufstieg, Gott wird zum Kampfbegriff, um Ungläubige zu beseitigen, Sprache zum Instrument der Verdinglichung, um sich die Welt als Objekt anzueignen, Liebe wird zur Waffe, um andere emotional an sich zu binden und sie zu manipulieren.

»Sein« dagegen bezeichnet eine Einstellung, die jemand hat, der seine Identität findet, ohne Dinge besitzen oder über Menschen herrschen zu müssen. Er vermag es, sich aus dem »Kerker der Selbstsucht« zu befreien, lebendige Beziehungen einzugehen, Gott als innere Erfahrung zu erleben, zu handeln und mit anderen zu teilen, ohne an eigene Vorteile oder sein Prestige zu denken. Für Fromm sind diese Merkmale besonders bei Menschen zu finden, die wir als »große Meister des Lebens« verehren. Sie haben eine natürliche Autorität, weil sie ein hohes Maß an Selbstverwirklichung erreicht haben. »Ein solcher Mensch«, meint Fromm, »strahlt Autorität aus, ohne drohen, bestechen oder Befehle erteilen zu müssen; es handelt sich einfach um ein hochentwickeltes Individuum, das durch das, was es ist – und nicht nur, was es tut oder sagt –, demonstriert, was der Mensch sein kann.«[174]

War Franz von Assisi so ein Meister des Lebens? Wollte er zeigen, was der Mensch sein kann? Hielt er an seinem Beispiel fest und stellte er damit seine Mitbrüder vor die Wahl, ihm zu folgen oder nicht? Ist es vielleicht sogar eine Entscheidung, die er über die Zeiten hinweg von allen Menschen verlangt, auch von uns?

Als Franziskus gefragt wurde, warum er die Leitung seiner Bewegung abgegeben hat, antwortete er: »Mein Sohn, ich liebe die Brüder, so viel ich kann, aber wenn sie meinen Fußspuren folgten, würde ich sie noch mehr lieben und mich ihnen nicht entfremden.«[175]

Die Entfremdung scheint in der Folgezeit immer größer geworden zu sein. Während die Bewegung zum regulären Orden wurde und die Minderbrüder in ganz Europa Niederlassungen und, wie in Paris, Studienhäuser gründeten, zog Franz wie in alten Tagen als Spielmann Gottes durch Italien. Begleitet wurde er von einer kleinen Schar treuer Anhänger, zu der vor allem seine alte Garde gehörte: Leo, Egidio, Bernhardo, Ginepro. In Erinnerung an seine jugendlichen Träume nannte er sie seine »Ritter der Tafelrunde«. Franz liebte diese Gefährten und er brauchte sie. Denn er war krank und auf Hilfe angewiesen. Seine Augen wurden immer schlechter und sein Körper schwächer. Weite Strecken konnte er nicht mehr gehen und musste zeitweise auf einem Maultier reiten.

Für Erich Fromm zeichnen sich Menschen, die sich für das »Sein« entschieden haben, dadurch aus, dass sie nicht anders scheinen wollen, als sie sind. Ihr Verhalten soll keine Maske sein, hinter der sich ganz andere, selbstsüchtige Interessen verstecken. Dass Franz beim normalen Volk so beliebt war, hängt sicher auch damit zusammen, dass er, wie man heute sagen würde, authentisch war und jede Heuchelei verabscheute.

Das fing für ihn schon bei Kleinigkeiten an. Eine Geschichte erzählt, wie er einmal im Winter starke Magenschmerzen hatte und ein Bruder ihn inständig bat, sich doch ein Stück Fell auf die Innenseite seiner oftmals geflickten Kutte nähen zu lassen. Franz war einverstanden, aber nur unter der Bedingung, dass ein gleich großes Stück des Fells auch auf der Außenseite der Kutte angebracht wird. Innen und außen sollten gleich sein. Nichts sollte verheimlicht, nichts versteckt werden. Selbst wenn er allein in einer Grotte oder Hütte sich aufhielt, wollte er so leben, »als ob alle Menschen mich sähen«.[176]

Ebenso wichtig wie der Blick von anderen Menschen – wenn nicht wichtiger – ist für Franz allerdings der Blick Gottes auf ihn. Und wie ein Spiegel dieses göttlichen Blicks ist der Blick, mit dem er sich selbst sieht. Man kann diesen Blick Gewissen nennen. Und dieses Gewissen meldete sich, wenn er mit sich uneins war. Hannah Arendt beschreibt diese innere Auseinandersetzung als Zwiegespräch, das *ich* mit *mir* führe. Bei diesem stummen Gespräch mit sich selbst prüft man alles, was man sagt und tut. Solange die beiden Gesprächspartner übereinstimmen, ist man mit sich selbst in Einklang. Widersprechen sie sich, kommt man mit sich selbst in Konflikt und möchte am liebsten vor sich selbst fliehen.

Franz von Assisi hat solche Situationen oft erlebt. Er registrierte es mit äußerster Sensibilität, wenn er sich nicht treu und für andere kein gutes Beispiel war. Er sprach dann von »Dämonen«, die über ihn herfielen, und nannte sie die »Polizisten Gottes«. Eine Geschichte erzählt davon, wie diese »Polizisten« ihn darauf aufmerksam machten, dass er sich nicht verhielt, wie er sich verhalten sollte. Das war, als Franz sich in Rom aufhielt. Weil es winterlich kalt, windig und regnerisch war, lud ihn der Kardinal Leo ein, einige Tage bei ihm zu verbringen. Franz nahm das Angebot an, wählte sich als Wohnort eine einfache Kammer in einem Turm in der Stadtmauer, wohin man ihm täglich sein Essen brachte.

In der Nacht konnte er nicht schlafen, er war unruhig

und zitterte am ganzen Körper, sodass er einen Mitbruder bat, bei ihm zu bleiben. Gott habe ihm, so erklärte er, seine Polizisten geschickt, um ihm zu sagen, dass er sich falsch benahm. Franz glaubte auch zu wissen, was nicht stimmte. Während seine Mitbrüder bei Sturm und Regen umherzogen, hungerten, im Freien oder in einfachen Hütten schliefen, war er der Gast eines Kardinals, saß im Trockenen und ließ sich bewirten. »Ich bin verpflichtet, ihnen immer ein gutes Beispiel zu geben«, meinte er, »denn dazu bin ich ihnen gegeben worden.« Am nächsten Morgen ging er zum Kardinal, dankte ihm, verabschiedete sich und begab sich in die Einsiedelei von Fonte Colombo bei Rieti.[177]

Ob Franz wohl auch ein schlechtes Gewissen hatte, dass er Klara so selten sah, obgleich er wusste, dass sie sich nichts sehnlicher wünschte, als einmal von ihm nach Portiuncula eingeladen zu werden? Anzunehmen ist es, wenngleich die Quellen von keinen »Polizisten« berichten, die hier einschritten. Stattdessen waren es seine Mitbrüder, die es nicht in Ordnung fanden, dass Franz Klara so vernachlässigte, wo doch Klara seiner Lebensweise so sehr nacheiferte und ihr Beispiel dazu geführt hatte, dass immer mehr Frauen sich ihr anschlossen. Seine Freunde bedrängten Franz so lange, bis er endlich einem Besuch Klaras zustimmte. Und so kam sie eines Tages mit einer Mitschwester nach Portiuncula. In einer der Hütten wurde ein bescheidenes Essen hergerichtet und alle saßen in großer Runde zusammen. Franz setzte sich neben Klara.

Die späteren Berichte darüber taten alles, um diese Begegnung so sittsam wie möglich zu beschreiben. So sollen Franz und Klara mit zum Himmel erhobenen Augen dagesessen haben und Franz soll nur beschaulich von Gott geredet haben. Wenn es zwischen den beiden funkte, so war es nach dem Willen kirchlicher Biografen nur göttliche Liebe, die sie vereinte. Die Bilder der Legenden lassen eine andere Deutung zu.

Demnach sahen die Leute in Assisi von Weitem ein riesiges Feuer dort, wo sich im Wald die Portiuncula-Kirche befand. Sie eilten hin, weil sie dachten, dass die Kirche und die darum liegenden Hütten in Flammen stehen. Als sie ankamen, war da kein Feuer. Sie fanden nur die versammelten Minderbrüder vor, mit Franz und Klara in ihrer Mitte. Ob diese Flammen nur ein »himmlisches Feuer« waren, wie lustfeindliche Interpreten glauben machen möchten, oder ob es doch ein sehr irdisches Liebesfeuer war – das zu beurteilen sei den heutigen Leserinnen und Lesern überlassen.[178]

XII.

Tätowierte Wahrheiten

Am späten Nachmittag erreiche ich Rieti. Ich gehe ein Stück die alte Stadtmauer entlang und komme auf die Piazza vor dem Bahnhof, wo ich auf einer Bank eine Pause einlege, bevor ich die schmale Straße hinauf zur Altstadt gehe. Auf dem großen Platz nahe der Kathedrale stehen überall Gruppen mit festlich gekleideten jungen Leuten. Später erfahre ich, dass dieser Tage ein großes Tanzfestival stattfindet. Auf der Suche nach einer günstigen Unterkunft lande ich auf einem kleinen Platz mit einem kreisrunden Steinsockel. Wenn man auf dem Monument steht, so heißt es, befindet man sich genau in der Mitte Italiens. Gleich ums Eck ist eine Pension, in der noch Zimmer frei sind. Ich dusche nur kurz und mache mich gleich wieder auf ins Zentrum. Es ist ein wunderbarer Abend. Die Luft ist lau, der Himmel von der untergehenden Sonne hellblau und zwischen den Dächern flitzen die Mauersegler hin und her. Auf den Plätzen und in den Gassen ist viel los. Die Brücke über den Fluss Levino ist ein Treffpunkt, dicht gedrängt stehen dort die Menschen. In einer Straße spielt eine Band. Die Sängerin trägt Stücke von Janis Joplin und Amy Winehouse vor.

~

Franz von Assisi kam oft und gerne nach Rieti. Die Einsiedelei von Fonte Colombo, wo er einen Entwurf für die Regeln fertigte, war nur wenige Kilometer entfernt. Angelo, einer seiner liebsten Mitbrüder, stammte aus Rieti. Und im Sommer konnte man hier den Papst antreffen. Honorius III. hatte in der Stadt eine Residenz, wo er sich in der heißen Jahreszeit aufhielt, um sich von der Hitze in Rom zu erholen. Der Papst sah mit Sorge, dass es Franziskus gesundheitlich immer schlechter ging. Vor allem seine Augen machten ihm zu schaffen. Der Papst drängte ihn dazu, sich von seinen Ärzten behandeln zu lassen. Franziskus nahm dieses Angebot nicht an – noch nicht. Das lag weniger daran, dass er den Ärzten nicht traute. Es gehörte für ihn auch zur Demut, der ganzen Wirklichkeit treu zu bleiben, und zu der gehörten auch Krankheit und Schmerzen. Keineswegs suchte er die körperlichen Leiden. Ihm ging es auch nicht darum, sie geduldig zu ertragen oder sie als ein Verdienst zu betrachten. Er nahm sie ganz bewusst an.

Franziskus wollte kein Leben führen, in dem Schmerz und Leid ausgeblendet, verdrängt werden, kein Leben in der »Narkose«, wie im zwanzigsten Jahrhundert der Schriftsteller Reinhold Schneider eine Existenz nannte, die Leid, Zweifel und Unsicherheit zu vermeiden sucht.[179] Erst in der Erfahrung der dunklen Seiten des Lebens konnte es sich für Franz erweisen, ob es eine Liebe gibt, die stark genug ist, um Ängste und Sorgen zu vertreiben und Leid zu ertragen. Fehlt diese Erfahrung, bleibt nur ein zwanghaftes »positives Denken«, das letztlich nur eine eingeschränkte, egoistische Sichtweise der Realität ist, oder eine künstliche, aufgesetzte Fröhlichkeit.

Franz' Lebensgefühl war immer eine tiefe Freude, die nicht ausschloss, dass er auch traurig und melancholisch sein konnte. Wovor er sich immer zu schützen versuchte, war eine Freudlosigkeit, die fühllos macht, die überall nur noch Verfall und Zerstörung sieht und keinen Blick mehr hat für die Schönheit der Schöpfung. Diese trübsinnige Trostlosigkeit ist für Franz ein Werk des Teufels, der Angst und Kummer wie »feinen Staub« durch die »Ritzen des Gewissens« streut. »Denn wenn sich die Traurigkeit festsetzt, wächst das Übel«, meinte er, »und sofern es sich nicht in Tränen löst, bleibt ein dauernder Schaden zurück.«[180]

Franz von Assisi blieb trotz aller Beschwerden ein Spielmann Gottes, ein Gaukler, der gerne lachte, Späße machte und seine französischen Lieder sang. In einer überlieferten legendenhaften Geschichte möchte er, als er sich in Rieti aufhielt, dass Pacifico, der Musiker unter seinen Brüdern, sich eine Gitarre besorgt und ihm etwas vorspielt. Doch offenbar murrten Leute darüber, dass ein Mann, der als Heiliger verehrt wird und krank ist, Spaß und Vergnügen haben will, und also verzichtete Pacifico auf ein Vorspiel.

In der Nacht jedoch, als Franz in seiner Kammer lag, hörte er, wie vor seinem offenen Fenster jemand auf und ab ging und auf einer Gitarre spielte. Am nächsten Morgen erzählte er begeistert davon. Ob er ahnte, dass der nächtliche Besucher Pacifico gewesen war?[181]

Das Lachen hätte Franz eigentlich vergehen müssen, als er im Herbst 1223 erfuhr, dass dem Papst nun eine Fassung der Regeln vorlag, die er zu genehmigen bereit war. Franz sollte dazu nach Rom kommen. Das war immerhin eine Gelegenheit, Jacoba wiederzusehen. Die adelige Dame, die eigentlich Giacoma de Settesoli hieß, war früh Witwe geworden und so beeindruckt von ihm, dass sie auch gerne ein Leben wie er geführt hätte. Sie folgte jedoch seinem Rat, bei ihren zwei Söhnen und ihrer Familie zu bleiben. Seit ihrer ersten Begegnung besuchte er »Bruder Jacoba«, wie er sie nannte, jedes Mal, wenn er nach Rom kam, auch weil er bei ihr immer eine besondere Süßspeise bekam, die er sehr liebte. Die Freundschaft mit Jacoba war eigentlich etwas, das ihm nach den neuen Regeln nicht mehr erlaubt war, denn dort wird allen Brüdern befohlen, »keine verdächtigen Beziehungen oder Beratungen mit Frauen zu haben«.[182]

Diese letztgültige, sogenannte »bullierte Regel« ist sehr viel kürzer als der Entwurf, den Franziskus formuliert hatte. Dem Text merkt man an, dass er von Kirchenjuristen bearbeitet wurde, die ihn geglättet und verengt haben. Auch der Ton ist ein anderer. Statt geistlicher Anleitungen werden Gesetze vorgeschrieben und Strafen angedroht. Mit dem Herumwandern ist es jetzt vorbei, die Minderbrüder müssen sich an festgelegten Orten aufhalten und auch das jährliche Treffen in Portiuncula ist nicht mehr erlaubt. Jene Anliegen, die Franz am wichtigsten sind, die Armut und das Geldverbot, sind aufgeweicht. Minderbrüder dürfen nun auch in Häusern wohnen, Bücher besitzen, sich theologisch fortbilden und Lehrstühle besetzen. Vor allem aber werden sie nun eingebunden in eine feste Ordnung, in der es Vorgesetzte und Untergebene gibt. Mit anderen Worten, aus der Bewegung wird ein von Rom abhängiger und kontrollierter Orden.

Bis heute streiten sich Experten darüber, ob und wie viel von Franziskus' ursprünglichen Idealen in den päpstlichen Regeln noch enthalten sind. Von Franziskus sind Aussagen überliefert, die zeigen, dass seine Meinung zu dieser Frage eindeutig war. Wiederholt hat er erklärt, dass er von Regeln, wie sie für andere Orden gelten, nichts wissen will. Und einmal, als er krank zu Bett lag, richtete er sich auf und rief ungewohnt kämpferisch: »Wer sind die, die mir meinen Orden und meine Brüder aus den Händen gerissen haben? Wenn ich zum nächsten Generalkapitel komme, will ich ihnen zeigen, was mein Wille ist!«[183]

Aber Franz kam zu keiner Versammlung mehr, und auch wenn er dort aufgetaucht wäre, hätte sein Protest nichts bewirkt. Er war abgemeldet, kaltgestellt, höchstens noch ein Störfaktor. Wie sollte er noch zeigen, was sein Wille war? Die einzige Möglichkeit war und blieb, durch sein Beispiel zu wirken. Und das tat er nun, unter Einsatz seiner ganzen Person, mit allen Sinnen und Kräften.

Von Rieti bis nach Grecchio sind es zu Fuß etwa vier Stunden. Im letzten Teil des Wegs geht es steil bergauf. Oben, im Dorf, hat man einen wunderbaren Blick ins Rietital. Eine Straße führt weiter zur Klosteranlage, die oberhalb des Ortes wie an der steilen Felswand zu kleben scheint. Zur Zeit von Franziskus gab es hier noch kein Kloster, nur Grotten, die Einsiedlern als Behausung dienten.

Als Franziskus mit seinen Brüdern an einem kalten Wintertag im Dezember 1223 nach Greccio kam, hatte er etwas ganz Besonderes vor. Er wollte mit den Menschen ein Fest feiern, ein Fest zur Geburt des Christuskindes. Aufführungen des Weihnachtsgeschehens hatte es schon vorher gegeben, aber was er im Sinn hatte, war etwas Neues, ein Krippenspiel, wie es vorher noch nie stattgefunden hat.

Er hatte seinen Freund Giovanni Velita, der aus Greccio stammte, damit beauftragt, alles vorzubereiten. Eine Grotte wurde als Kapelle hergerichtet. Man besorgte einen Futtertrog, der mit Stroh gefüllt wurde. Sogar einen Esel, Schafe und ein Ochse wurden herbeigeschafft. Alles sollte genau so sein, wie es in der Weihnachtsgeschichte beschrieben ist. Dass diese Feier nicht an einem geweihten Altar stattfinden sollte, war ein massiver Bruch des Kirchenrechts.[184]

Am Abend des 24. Dezember zogen die Einwohner Greccios und der umliegenden Orte mit Fackeln durch den Wald den Berg hinauf und versammelten sich im Gelände um die Grottenkapelle. Was sie nun sahen, war ein Schauspiel, eine Performance, eine theaterhafte Inszenierung. Es lag Franz daran, das Geheimnis der Menschwerdung Gottes so plastisch, so augen- und ohrenfällig wie möglich erlebbar und begreifbar zu machen. Er selbst erzählte mit eigenen Worten und im Dialekt der Gegend die Weihnachtsgeschichte, wobei er nicht einfach nur redete, sondern eine Art Körperpredigt hielt.

Wenn er bestimmte Worte aussprach, mischte er das Blöken eines Schafes hinein, sodass man augenblicklich verstand, dass die »Inkarnation«, die Fleischwerdung Gottes nicht nur für den Menschen Bedeutung hat, sondern auch für Tiere und alle Kreaturen. Manchmal leckte er sich beim Sprechen auch die Lippen, als wolle er das Wort »Gott« schmecken, kosten und schlürfen und so für alle sinnlich erfahrbar machen.[185] Die Menschen, die bei diesem Festspiel dabei waren, müssen sich ähnlich gefühlt haben wie viele Jahre später Christen, die das erste Mal einen Gottesdienst einer schwarzen Kirchengemeinde in den USA erlebten, bei dem gesungen, getanzt, gerufen, gejubelt und geweint wird.

Ob die Zuschauer auch die politische Botschaft dieser

Nacht in Greccio bemerkt haben? Der letzte Kreuzzug war gescheitert. Zigtausende Menschen waren ums Leben gekommen, viele Städte und Gegenden waren verwüstet worden, aber das Ziel, die heiligen Stätten von den Ungläubigen zu befreien, hatte man nicht erreicht. Nun liefen schon die Planungen für den nächsten Kreuzzug. Hatte Franz mit seinem Krippenspiel nicht gezeigt, dass Bethlehem nicht nur im Heiligen Land lag, sondern auch in Greccio, ja, eigentlich überall? »Bethlehem«, das war nicht nur ein realer Ort, sondern eine Botschaft. Keine Lehrmeinung und keine Ideologie, die man in abstrakte Sätze pressen und dann mit kriegerischen Mitteln gegen andere Religionen verteidigen musste. Es war die Botschaft von einem Gott, der seine Schöpfung so liebt, dass er Mensch wurde und als wehrloses Kind in diese Welt kam. Eine Friedensbotschaft, die man nur begreifen kann, wenn sie einem in Fleisch und Blut übergeht und mit allen Sinnen erlebt wird.

Das Weihnachtsfest von Greccio zeigt, wie wichtig es für Franziskus war, sich körperlich mitzuteilen. Das, wovon er innerlich bewegt wurde, musste zum äußeren, sichtbaren Ereignis werden – in Gesten, Tönen, Handlungen und Szenen. Wahrheiten zählten für ihn nur, wenn es gelebte Wahrheiten waren. Und nur wenn er von einer Wahrheit durchdrungen war, konnte er vor anderen überzeugend auftreten. Das ist wohl auch der Grund dafür, warum Franz von Assisi so wenig Schriftliches hinterlassen hat. Zwar achtete er penibel darauf, dass sogar kleinste Papierschnipsel aufbewahrt wurden, doch Worte waren für ihn nur dann wertvoll, wenn sie zu einem lebendigen Handeln wurden, ganz so, wie es der Apostel Paulus forderte, als er schrieb, dass der Buchstabe tötet, der Geist aber lebendig macht. (2 Kor 3,6)

Leo und andere Gefährten haben später berichtet, wie Franziskus einem jungen Neuling begreiflich machen wollte, warum Bücherwissen gefährlich sein kann. Dieser Novize hatte von Elias die Erlaubnis bekommen, ein Gebetbuch zu besitzen. Aber weil er Franziskus schätzte und wusste, dass der gegenüber Büchern skeptisch war, wollte er auch ihn um seine Einwilligung bitten. Der erklärte ihm aber nun, dass, wenn er erst einmal ein Gebetbuch habe, er bald ein Brevier, eine Sammlung von Psalmen, und dann immer weitere haben wolle. Und irgendwann werde er dann »wie ein gewichtiger geistlicher Herr« auf einen Lehrstuhl sitzen und anderen befehlen: »Hol mir mein Brevier!«

Bücher zu besitzen war zur Zeit von Franziskus ein Privileg der Oberschicht. Und somit war das Verlangen nach Büchern und Wissen zugleich ein Streben nach sozialem Aufstieg, was unweigerlich zu Ungleichheit und Machtstrukturen führt. Der Wunsch des jungen Mannes nach Bildung und Erbauung war also ein verkappter Wunsch nach »Herrschaftswissen«, wie der Philosoph Jürgen Habermas eine Form des Wissens nennt, die nur scheinbar objektiv ist, aber hintergründig bestimmte Interessen wie Macht und Naturbeherrschung verfolgt.[186] Typisch für Franziskus war es, dass er es nicht bei dieser mündlichen Ermahnung beließ, sondern dem jungen Mann seine Meinung auch körperlich demonstrierte. Er streute sich Asche auf den Kopf, verrieb sie mit kreisförmiger Handbewegung und sagte dabei: »Ich das Brevier! Ich das Brevier!«, was so viel heißen sollte wie: Ich bin gelebtes Wissen! Halte dich an mein Beispiel![187]

Die Begegnung, von der diese Geschichte erzählt, hat sich mit großer Wahrscheinlichkeit tatsächlich so zugetragen. Es muss zu einer Zeit gewesen sein, als Elias die Führung des Ordens übernommen hatte und Franziskus ins Abseits gestellt war. Trotzdem, und das beweist diese Geschichte, hatte er noch großen Einfluss. Offenbar ließ man ihn in Ruhe und verlangte nicht, dass er sich an die neuen Regeln hielt. Er durfte weiter herumwandern und nach seinen eigenen Vorstellungen leben. Er genoss eine gewisse Narrenfreiheit, die man ihm vermutlich zugestand, weil man dachte, dass er nicht mehr lange leben werde. Franz war tatsächlich sehr krank. Es waren nicht nur die Augen, die immer schlechter wurden. Auch Magen, Milz und Leber waren angegriffen. Oft fand er nachts keine Ruhe, weil er sich stundenlang erbrechen musste.[188]

Seine Begleiter hatten ihm eine Kappe angefertigt mit einem Schirm aus Stoff, damit er vor dem Sonnenlicht, das er nicht mehr vertrug, geschützt war. Die Schmerzen waren inzwischen so unerträglich geworden, dass er nun doch das Angebot des Papstes annahm, sich behandeln zu lassen. Weil er zu schwach war, brachten ihn seine Freunde mit einem Pferdewagen nach Rieti. Franz war es unangenehm, anderen so viele Umstände zu machen, doch die Aussicht, von den schlimmsten Schmerzen befreit zu werden und vielleicht wieder besser zu sehen, war stärker als alle Bedenken. Die Hoffnung auf eine Heilung oder zumindest Besserung war berechtigt, da der Arzt, den er aufsuchen sollte, als Spezialist für Augenkrankheiten galt.

Es sagt viel über die medizinischen Kenntnisse dieser Zeit, dass die Operation, die jener Arzt durchführte, eher eine Folter war. Er erhitzte ein Eisen über einer Feuerstelle und verätzte damit, ohne Narkose natürlich, Franz' Schläfe von einem Ohr bis zu den Augenbrauen. Verständlich, dass Franz Angst bekam, als er das glühende Eisen sah, und seine Begleiter nicht zuschauen mochten und den Raum verließen. Nachher soll er ihnen gesagt haben, dass das Feuer für ihn »Bruder Feuer« war und er die Prozedur klaglos über sich hatte ergehen lassen. »Geholfen hat es ihm freilich nichts«, schrieben seine Freunde lapidar über den Erfolg dieser brutalen Prozedur.[189]

Franz musste sich von dieser ärztlichen Behandlung erst in Fonte Colombo erholen, bevor er sein Wanderleben wiederaufnehmen konnte. Im August 1224 verließ er mit seinen Begleitern Leo, Masseo und Angelo das Tal von Rieti. Ihr Ziel war eine Felserhebung nördlich von Arezzo, im Apenningebirge, La Verna genannt. Franz hatte vor über zehn Jahren diesen Berg von einem Grafen Orlando geschenkt bekommen. Als sein Eigentum betrachtete Franz diesen Gebirgsstock freilich nicht. Das Geschenk nahm er als Erlaubnis, sich dort aufhalten zu dürfen, wenn er sich zurückziehen wollte.

Von Rieti nach La Verna sind es zu Fuß über zweihundert Kilometer. Man fragt sich, warum Franz diesen Gewaltmarsch auf sich genommen hat. Abgelegene Orte und Einsiedeleien, die näher waren, gab es genug. Allerdings war er inzwischen im Volk so bekannt und verehrt, dass er nirgendwo mehr vor seinen Bewunderern sicher war. La Verna war so unzugänglich, dass er sicher sein konnte, dort ungestört zu sein. Aber warum suchte er gerade jetzt diese Abgeschiedenheit und Einsamkeit?

Auf dem Weg nach La Verna verließen ihn öfter die Kräfte und die Reisegruppe musste lange Pausen einlegen. Seine Freunde berichteten später, dass er nicht nur körperlich geschwächt war, sondern auch von »Teufeln«[190] geplagt wurde, was nichts anderes bedeutet, als dass er verunsichert und verzweifelt war. Er hatte auch allen Grund dazu. Aus seiner Bruderschaft war er mehr oder weniger hinausgeworfen worden. Der Papst hätte ihn eigentlich aus der Kirche verbannen, also exkommunizieren müssen, weil er sich nicht an die neuen Regeln hielt. Hinzu kam, dass Honorius III. einen neuen Kreuzzug angekündigt hatte. Wieder würde ein Heer im Namen Gottes ins Heilige Land ziehen und Tausende von Menschen töten, die Franziskus auf seiner Orientreise als gastfreundlich und tolerant erlebt hatte.

Er selbst konnte dem allen nur ohnmächtig zusehen. Seine Stimme war nicht gehört worden. Mit seinem Bekenntnis zu Gewaltlosigkeit und Armut hat er das Handeln der Mächtigen nicht beeinflussen können. Es ist verständlich, dass ihn Zweifel plagten. War es richtig, an seinen Grundsätzen festzuhalten? War es wirklich der Wille Gottes, dem er folgte? Hätte er kompromissbereiter sein sollen, um die Kirche von innen her zu reformieren? War seine Unbeugsamkeit vielleicht nur blinde, selbstverliebte Sturheit? War er selbst daran schuld, dass er nun nahezu allein dastand?

Religiöse Führer wie Franz von Assisi sind keineswegs immer sicher in ihrer Haltung. Sie sind oft selbstkritischer als andere Menschen und nicht gegen Zweifel gefeit. Teresa von Ávila, die mutig den Vorurteilen einer Männerwelt trotzte, wurde in manchen Situationen von Selbstzweifel überfallen wie von »wilden Furien«. Nach vielen Jahren im Kloster wagte sie den Ausbruch, um nicht mehr eingesperrt zu sein und eine neue Gemeinschaft von Frauen zu gründen. Kaum hatte sie ihr altes Leben hinter sich gelassen, wurde sie unsicher, ob sie nicht alles falsch gemacht hatte. Ob sie nicht besser in vertrauten, sicheren Verhältnissen hätte bleiben sollen? Ob es nicht verrückt von ihr war, sich auf ein solches Abenteuer einzulassen? Und unverantwortlich, andere mit ins Unglück zu stürzen?[191]

Ähnlich wie Teresa war sich der Theologe Dietrich Bonhoeffer oft nicht mehr sicher, ob sein Widerstand richtig war. Er hatte sich gegen die von den Nationalsozialisten vereinnahmte Kirche gestellt und war nun sogar innerhalb der oppositionellen Bekennenden Kirche ein Außenseiter, weil er einen noch entschiedeneren Protest gegen die Judenfeindlichkeit der Nazis forderte. Nun fragte er sich, ob er in seinen Forderungen nicht zu weit gegangen war. Waren die anderen, die Gemäßigteren nicht vernünftiger? War es vielleicht nur Rechthaberei, die ihn antrieb? Hatte er sich verrannt?[192]

Franz von Assisi war in einer Situation, in der sich ihm solche Fragen aufdrängten. Er wollte und musste wissen, ob er richtig gehandelt und geglaubt hatte. Das konnte er sich selbst nicht versichern und sich auch von keinem anderen Menschen bestätigen lassen. Diese Sache musste zwischen ihm und seinem Gott geklärt werden. Das war nur in der Einsamkeit möglich. La Verna war dazu der richtige Ort. Für die letzten Kilometer besorgten ihm seine Freunde bei einem Bauern einen Esel, weil Franz nicht mehr gehen konnte. Vom Fluss Corsalone aus war es in der Sommerhitze ein langer und anstrengender Aufstieg. Auf der Hochfläche des Berges hatte der Graf Orlando einige Lehmhütten errichten lassen. Franz zog sich in eine abgelegene Klause zurück, die man nur über einen Baumstamm erreichen konnte, der als Brücke über einen Felsspalt gelegt wurde. Allein Leo war es erlaubt, auf ein verabredetes Zeichen hin zu ihm zu kommen, um ihm Wasser und Brot zu bringen.

In seiner Klause auf dem Berg La Verna muss etwas Außergewöhnliches mit Franz geschehen sein. Was genau, lässt sich nicht mehr sagen. Es ist zugeschüttet von den Legenden, Vermutungen, Übermalungen und theologischen Deutungen, die später entstanden sind. Am ehesten noch kann man sich an einen Bericht Leos halten, der zwar kein Augenzeuge, aber doch in Franz' unmittelbarer Nähe war, als sein Sekretär und vertrautester Begleiter. Leo hat seine Eindrücke mit roter Tinte auf einem Blatt Papier festgehalten, das er von Franz bekommen hatte. Franz hatte ihm darauf tröstende Worte geschrieben und eine Zeichnung hinzugefügt, die bis heute Rätsel aufgibt: ein Kopf mit Kapuze, und aus dem Mund wächst ein Kreuz, das aussieht wie ein »T«. Dieses »Tau«, wie es nach dem griechischen Buchstaben genannt wird, hat Franziskus oft verwendet. Es war eine Art persönliches Kennzeichen.[193]

Auf der Rückseite des Zettels steht eine lange von Franz mit eigener Hand niedergeschriebene Litanei mit Lobpreisungen Gottes, die immer beginnen mit dem lateinischen »*Tu es*«, also »Du bist«, worauf dann die gepriesenen Eigenschaften Gottes aufgezählt werden, als da sind: Schönheit, Ruhe, Gerechtigkeit, Sanftmut, Liebe,

Hoffnung, Zuflucht, Schutz, Stärke. Diese Liste mit Gottesnamen ist das einzige von Franz erhaltende Zeugnis darüber, was er in seiner Zelle auf La Verna erlebt hat. Offenbar konnte er das Erlebte nur auf diese Art beschreiben. Damit will er ausdrücken, dass ihm seine Haltung nicht nur bestätigt wurde, sondern er umgekehrt auch Gottes Größe bestätigte, und zwar mit dem Ausdruck »Du bist«, was besagt: in einer zutiefst persönlichen Erfahrung.

Dieser Versuch, die Erfahrung von Gottes Größe zu erfassen, erinnert an ein anderes Schriftstück, das von dem berühmten Physiker Blaise Pascal stammt, der Mitte des siebzehnten Jahrhunderts lebte. Pascal war ein genialer Wissenschaftler und ein Gottsucher. Am Abend des 23. November 1654 hatte er eine Vision. Er fiel in eine Art Trance. Als er wieder zu sich kam, griff er schnell zu Zettel und Stift, um seine Erleuchtung festzuhalten. Aber alles, was er zu Papier brachte, waren abgerissene Sätze und Ausrufe, in denen die Worte »Gott«, »Feuer«, »Gewissheit«, »Freude« vorkamen. Das Erlebte war zu groß, zu überwältigend, um es zu beschreiben. Aber die wenigen Worte waren Pascal so wichtig, dass er sich den Zettel in seine Jacke einnähte, um ihn immer bei sich zu haben. Nach Pascals Tod entdeckte ihn dort sein Diener.[194]

Leo verwahrte Franz' Zettel sorgfältig bis zu seinem Tod. Heute ist er in der Franziskuskirche in Assisi zu bestaunen. Gut zu erkennen sind darauf die mit roter Tinte von Leo später hinzugefügten Zeilen. Hat Franz Leo erzählt, was er in seiner Klause erlebt hat? Oder konnte er ihm nur, wie Blaise Pascal, stammelnd und stotternd von etwas berichten, was eigentlich unsagbar ist? Leo jedenfalls wollte später mit eigenen Worten festhalten, was Franz in seiner Klause widerfahren ist. Franz hat demnach eine »Vision« gehabt: Ein »Seraphim«, also ein Engel, sei ihm erschienen, der auf einer Geige eine so wunderbare Melodie spielte, dass das »Übermaß der Süße«, die Franz empfand, kaum auszuhalten war. Von ebenjenem Engel habe Franz dann an seinen Leib die »Wundmale Christi« empfangen, das heißt: Die Wunden, die der gekreuzigte Jesus an den Händen, Füßen und an der Brust aufwies, haben sich auch in Franz' Körper eingeprägt.

Visionen, Engel, Wundmale? Wie kann man das verstehen? Sind das Worte und Vorstellungen, die einer längst vergangenen Zeit angehören? Sind sie verblassende Reste einer mittelalterlichen Welt, in der man noch an Wunder, übersinnliche Ereignisse und göttliche Eingriffe ins Menschenleben glaubte? Kann man sie heute rational erklären, indem man, wie einige Forscher, annimmt, dass Franziskus sich diese Wunden in einem ekstatischen Zustand selbst beigebracht hat?[195] Oder ist uns modernen Menschen der Zugang zu solchen übersinnlichen Phänomenen verschlossen, weil wir, wie es der Soziologe Max Weber ausdrückt, diese magische Welt »entzaubert« haben?

Etwas von diesem verlorenen Zauber hat auch das

Wort »Mystik«. Franz von Assisi kann man nicht verstehen, wenn man nicht anerkennt, dass er ein Mystiker war. Mystiker sind, salopp gesagt, Menschen, die ihr Ich ablegen wollen. Das hat zu dem Missverständnis geführt, dass sie von einem verdeckten Selbsthass angetrieben würden und sie sich selbst auslöschen, loswerden wollen. Das stimmt nur zum Teil. Loswerden wollen Mystiker ein Ich, das sie als Gefängnis empfinden, ein Ego, das alles nur auf sich bezieht, das nur seine eigenen Interessen und Bedürfnisse sieht. Eine Befreiung von dieser Ichsucht kann nur dann und dort stattfinden, wo ein Mensch über sich hinausgeht. Und das kann im Kleinen schon geschehen, wenn er sich in die Lage eines anderen Menschen zu versetzen vermag und dessen Gedanken, Nöte und Sorgen wahrnimmt. »Dass wir uns verlieren können in etwas, das wir nicht sind«, meint die Theologin Dorothee Sölle, »ist die schönste Art, das Ego zu entmachten und in diesem Sinne frei zu werden.«[196]

In der religiösen Tradition nannte man einen Menschen, der in seinem Ich gefangen ist, einen homo incurvatus in se, also einen auf sich selbst verkrümmten Menschen. Heute würde man vermutlich von einem Egomanen sprechen. Ein Mystiker wäre das Gegenteil, also jemand, der diese Verkrümmung löst, sich öffnet, sich überschreitet, nicht nur auf andere Menschen hin, sondern auf Gott. »Gott« verstanden als das Gute, an dem sich ein gelungenes Leben ausrichtet. Sich selbst zu vergessen und Gott zu suchen, sind demnach zwei Bewegungen, die zusammengehören. Was ein Mystiker ersehnt, ist die Übereinstimmung mit dem göttlichen Willen. Erst wenn er diese Übereinstimmung erreicht, erfährt er sich als vollständig. Der Verlust dieses »Ich« führt zu einem neuen »Selbst«.

Franz von Assisi ist oft als »zweiter Christus« bezeichnet worden. Er selbst hätte sich, glaube ich, gegen einen solchen Vergleich gewehrt. Er hätte ihn als unerlaubte Anmaßung empfunden. Sehr wohl jedoch war der »Menschensohn«, wie Jesus sich selbst nannte, sein Vorbild. Ihm wollte er nacheifern, seiner Armut, Friedfertigkeit, Gewaltlosigkeit, seiner Solidarität mit den Armen und Ausgestoßenen. Mit seinen eigenen »Werken« wollte er dem Mann aus Nazaret nachfolgen. Wenn er jetzt zurückschaute – war ihm das gelungen?

Er sah die Umgestaltung seiner Bewegung zu einem regulierten Orden, sah die Entfremdung von vielen seiner Mitbrüder, sah das Verhalten der Kirche in den Kreuzzügen – durch all das ist Franz in eine schwere Krise geraten. Seine Ideale wurden infrage gestellt. Er selbst war sich seiner Sache nicht mehr sicher. Was er auf dem Berg La Verna zu erhalten erhoffte, war eine Bestätigung seiner Haltung, eine Vergewisserung, dass alles, was er bisher getan hatte, richtig war, von Gott gutgeheißen wurde.

Offenbar hat Franz diese Bestätigung in einer Vision erhalten. In dieser Vision erscheint der Engel wie ein Vermittler zwischen Himmel und Erde, Gott und Mensch. Diese Berührung mit dem Göttlichen, diese Erfahrung, außer sich zu sein, haben bildende Künstler wie Giotto, Caravaggio oder Cranach der Ältere auf je verschiedene Weise veranschaulichen wollen. Auf ihren Bildern befindet sich Franz von Assisi in einem ekstatischen Zustand, in traumähnlicher Trance oder verkrampft wie bei einem epileptischen Anfall. Das alles sind Versuche, ein inneres Erlebnis äußerlich sichtbar zu machen.

Noch schwieriger darstellbar ist, dass das körperliche Erlebnis für Franz von Assisi eine noch weiter reichende Bedeutung hat. Etwas am eigenen Körper zu erfahren, heißt für ihn, eine erkannte Wahrheit auch zu leben. Und gelebt ist für ihn diese Wahrheit nur dann, wenn sie zur »Sorge für andere«[197] wird. Körperlich sein bedeutet demnach gelebte Mystik, aktive Nächstenliebe. Franz gehört damit zu jenen Mystikern, die nach einem Ausdruck von Peter Sloterdijk »von ganz innen her ganz draußen zu sein verstehen«[198]. Aus Worten muss Handeln entstehen, aus Reden Taten. Und hat nicht Franz dem jungen Mitbruder zu erklären versucht, dass gelebtes Wissen wichtiger ist als Bücher? Insofern geht es ihm nie nur, wie anderen Mystikerinnen und Mystikern, um eine individuelle Erfahrung des Göttlichen oder um die eigene spirituelle Vervollkommnung, sondern um eine Frömmigkeit, die tätig wird, um den »Dienst an den Menschen«[199].

Sind so vielleicht auch die »Wundmale« zu verstehen?

Als verkörpertes Bekenntnis zur gelebten Wahrheit? So wie sich jemand sein Lebensmotto oder den Namen eines geliebten Menschen in die Haut tätowieren lässt, so ist die Botschaft des Mannes aus Nazaret dem Mann aus Assisi in Fleisch und Blut übergegangen. Demnach wäre es unerheblich, ob die »Wundmale« sichtbare, blutende Wunden sind oder eine Erinnerung »in seinem Herzen«, wie es in den Aufzeichnungen seiner Gefährten heißt. Entscheidend ist, was damit ausgesagt wird: Das Wort wird Fleisch, ein Traum wird »reale Gegenwart«, die göttliche Botschaft wird gelebte Realität, Utopie wird Wirklichkeit.

XIII.

Wie wir gemeint waren

Es ist Herbst, Ende September 1224, als Franz La Verna verlässt. Zur Gruppe aus sechs Männern, die in den frühen Morgenstunden den Berg hinabwandert, gehören Leo, Masseo, Angelo, Silvestro und Rufino. Leo führt das Pferd, auf dem Franz sitzt. Der Graf Orlando hat es ihm zur Verfügung gestellt. Zu Fuß gehen kann er nicht mehr oder nurmehr kurze Strecken. Franz hat sich überwinden müssen, auf dem Pferd zu reiten, denn von seinen Mitbrüdern hat er immer verlangt, nie ein Reittier zu benutzen. Auch das war für ihn eine Art, »über anderen zu stehen«, und das sollte ein echter Minderbruder vermeiden.[200] Doch wer hält sich noch an seine Ratschläge und Empfehlungen? Die Bruderschaft ist nun ein Orden, der anderen Vorbildern folgt. Elias besitzt mehrere Pferde, er bewohnt in Cortona ein schönes Haus, wo er sich von jungen Pagen bedienen lässt und ein eigener Koch ihm besondere Speisen zubereitet.[201]

In den Berichten über diese Tage wirkt Franz seltsam unentschlossen und abwesend. Manchmal ist er so in sich gekehrt, dass er nicht einmal mitbekommt, wo sie sich befinden. Macht er sich Gedanken, wie es weitergehen soll? Von seiner Bewegung ist ihm nur ein kleines Häuflein treuer Begleiter geblieben. Innerhalb des Ordens ist er isoliert. Und er ist krank, sehr krank. Elias hat ihm vorhergesagt, dass er höchstens noch zwei Jahre zu leben hat. Wenn das stimmt – was soll er in dieser restlichen Zeit seines Lebens machen? Andererseits ist er sich nach dem Erlebnis auf dem Berg La Verna seiner Sache sicherer denn je und es gibt keinen Grund, diesen Weg nicht weiterzugehen, trotz Widerstand und Krankheit.

Die kleine Reisegruppe schlug den Weg nach Assisi ein. Eilig schienen es die Männer nicht zu haben. Nahe Borgo San Sepolcro verbrachten sie einige Tage in einer Einsiedelei. Und in der Umgebung von Città di Castello hielten sie sich einen ganzen Monat auf. In den Städten und Dörfern wurde Franz jubelnd empfangen und nicht selten hörte er das Wort »heilig«. Franz liebte die einfachen Leute, die Bauern, Handwerker und Tagelöhner, aber er wusste, dass sie ebenso den »Mächtigen« zujubelten, die alles andere als heilig waren. Außerdem war in ihren Augen ein Heiliger jemand, der weit über den normalen Menschen stand, und auch diese Art von Überlegenheit lehnte Franz ab. Niemand sollte danach streben, ein besserer Christ als andere zu sein, schrieb er in einem Brief.[202] Dieser scheinbar demütige Wunsch war für ihn nur ein als Frömmigkeit getarnter Ehrgeiz, sich hervorzutun und bewundert zu werden. So entzog sich Franz, wenn möglich, diesen Huldigungen, oder er wies bei jeder Gelegenheit darauf hin, dass er auch nur ein Mensch sei mit Fehlern, Bedürfnissen, Eitelkeiten.

Franz zog allein mit Leo weiter. Die anderen Begleiter schickte er mit dem Pferd zurück zum Grafen Orlando. Leo bat einen Bauern, sie mit einem Esel zur Portiuncula-Kapelle zu bringen. Der tat es nur widerwillig, womöglich nur, weil man ihm sagte, dass dieser kranke Pilger ein heiliger Mann sei. Franz muss es gefallen haben, dass dieser Bauer nicht vor Ehrfurcht erstarrte, sondern aus seinem Unmut keinen Hehl machte. Seine Laune wurde noch schlechter, als sie am Abend keine Herberge erreichten und in den Bergen, wo der erste Schnee lag, unter einem Felsvorsprung übernachten mussten. Der Bauer ließ seinen Ärger an Leo und Franz aus und fluchte ziemlich derb, als er daran dachte, dass er jetzt zu Hause in seinem warmen Bett liegen könnte. Wie es Franz angestellt hat, dass der Bauer allmählich freundlicher wurde und am nächsten Morgen die beiden bereitwillig nach Assisi brachte, das kann man nur erahnen.[203]

Wer nun angenommen hatte, dass Franz sich Ruhe gönnte, die kalten Wintermonate in Portiuncula blieb und sich erholte, der hatte sich getäuscht. Nach kurzem Aufenthalt zog er wieder mit Leo los in Richtung Süden. Es war, als wollte er allen zeigen, dass er sein Wanderleben nicht aufgeben will und ihn nichts aufhalten kann, weder Krankheit noch Kälte und Schnee. Die beiden müssen einen seltsamen Anblick geboten haben. Der immer besorgte Leo neben dem Esel hergehend, auf dem Franz saß, der mehr tot als lebendig aussah. An manchen Tagen machten sie nur selten Rast und zogen von einem Ort zum anderen.

Im Frühsommer besuchten sie wieder Fonte Colombo bei Rieti, und sogar bis Tivoli, das nahe bei Rom liegt, sollen sie gekommen sein. Von der Landschaft im Rietital, die Franz so liebte, konnte er nicht mehr viel erkennen, denn mit seinen vereiterten Augen sah er kaum noch etwas. Seinen Vorbehalt gegen Ärzte hatte er aufgegeben. Anscheinend hoffte er, dass sie ihm doch noch helfen können, sein Zustand sich verbessern und er sein Augenlicht nicht ganz verlieren würde. Man ließ ihn zur Ader, strich ihm besondere Salben auf die Augen und legte ihm Verbände an. Alles half nichts.

Als er und Leo im Juli 1225 wieder nach Assisi kamen, war Franz so gut wie blind. Seine Mitbrüder waren enttäuscht, dass er nicht bei ihnen blieb, sondern darum bat, ihn nach San Damiano, zu Klara und ihren Schwestern, zu bringen. Wusste er, dass ihm nicht mehr viel Zeit blieb? Wollte er noch einmal in Klaras Nähe sein? Er ließ sich im Garten des Klosters eine Strohhütte bauen, wo Klara ihn besuchen und sich um ihn kümmern konnte. Die Hütte war nicht gerade eine geeignete Unterkunft für einen Schwerkranken. Im Garten gab es viele Mäuse, die nun auch seine Hütte eroberten. Nachts liefen sie auf ihm herum und auch tagsüber ließen sie sich nicht vertreiben und stürzten sich auf die Krümel, die er fallen ließ, wenn er sein Brot aß.[204]

Das alles schien ihn nicht groß zu stören. Im Gegenteil. Die Schwestern wunderten sich, dass aus der Hütte fröhlicher Gesang zu hören war. Franz sang seine französischen Lieder, die er schon seit Kindheit kannte, oder die Lieder, die er von Pacifico gelernt hatte. Eines Tages waren auch ganz neue Töne zu hören. Es war ein Lobpreis der Sonne. Er, der nichts mehr sehen konnte, besang tatsächlich die Quelle allen Lichts, die Sonne: »*Gelobt seist Du, mein Herr / mit all Deinen Geschöpfen, / Schwester Sonne besonders, die den Tag macht / und durch die Du uns erleuchtest. / Schön ist sie / und strahlend mit großem Glanz / ein Bild von Dir, Du Höchster.*«[205]

Mit jeder neuen Strophe, die Franz dichtete, kamen die weiteren Wunder der Natur hinzu: Bruder Mond, Schwester Wasser, Bruder Feuer, Luft, Wolken, Früchte, Blumen und Kräuter. Nicht menschliche Werke lobte Franz, sondern die Schönheit der Schöpfung, alles was sichtbar, erfahrbar, was man mit den Sinnen sehen, riechen und schmecken konnte. Franz war so begeistert von seinem *Sonnengesang*, dass er einige Brüder herbeiholen ließ und ihnen das Lied beibrachte. Das gemeinsame Singen gefiel ihm so sehr, dass er vorhatte, Pacifico zusammen mit einigen Minderbrüdern als »Spielleute Gottes« übers Land zu schicken. Sie sollten den Menschen den »Gesang von der Schwester Sonne« vorsingen und damit ihre Herzen berühren und sie fröhlich machen.[206] Was Elias, der sicher davon hörte, wohl von dieser Idee hielt? Franz jedenfalls war so überzeugt von der Wirkung des *Sonnengesangs,* dass er ihn gleich erproben wollte, als er davon hörte, dass der Bischof und der Bürgermeister von Assisi heillos zerstritten waren. Er ließ die beiden im Innenhof des Bischofspalastes zusammenkommen, um ihnen von zwei Minderbrüdern den *Sonnengesang* vortragen zu lassen. Der Erfolg gab Franz recht. Die beiden Männer waren von dem Vortrag so berührt, dass sie, so erzählt es zumindest die Legende, nicht nur ihren Streit beilegten, sondern einander versöhnt in die Arme fielen.[207]

Ob bei Franz durch das Lied der Wunsch geweckt wurde, doch noch einmal ohne Schmerzen das Sonnenlicht zu sehen? Im Frühjahr 1226, als die Sonne die Winterkälte vertrieb und alles blühte, ließ sich der Fünfundvierzigjährige von seinen Freunden nach Siena bringen. Die anstrengende Reise nahm er auf sich, weil es in Siena einen Arzt gab, von dessen Methoden sich Franz wenn nicht Heilung, so doch eine Besserung seiner Augenleiden versprach. Die Behandlung dieses Arztes bestand darin, Franz' Ohren zu durchstechen, was nicht weniger schmerzhaft war als die Ätzung in Rieti – und ebenso wirkungslos. Es waren aber nicht nur die Augen, die Franz zu schaffen machten. Seine Beine und sein Bauch waren angeschwollen und sein Magen war seit Monaten so angegriffen, dass er kaum noch etwas essen konnte und fast zum Gerippe abgemagert war. In seiner Zelle in Siena musste er sich eines Tages die ganze Nacht hindurch so heftig erbrechen, dass nur noch Blut kam.[208] Seine verzweifelten Freunde wussten sich keinen anderen Rat mehr, als Elias zu benachrichtigen. Der kam sofort nach Siena und ließ Franz nach Cortona bringen, in eine Klause mitten im Wald, wo er über ihn wachen konnte.

Für Elias war Franz nun eine lebende Reliquie, auf die man gut aufpassen musste. Jede Stadt, jedes Dorf in Italien würde sich darum reißen, der Ort zu sein, wo Franziskus seine letzte Stunde verbrachte. Einen toten Franziskus würde niemand mehr herausgeben, zu wertvoll war dieser Leichnam, der aus einem Ort einen Wallfahrtsort macht. Elias hatte an dem Kult um Franz kräftig mitgewirkt. Andererseits hatte er dafür gesorgt, dass er bei der Leitung des neuen Ordens nichts mehr mitzureden hatte. Diese doppelte Strategie verfolgte er nicht aus bösem Willen. Man darf annehmen, dass er der festen Überzeugung war, Franz besser zu verstehen als der sich selbst.

Elias war völlig anders gestrickt als Franz. Auf ihn »zählte«, um einen Ausdruck der Lyrikerin Ingeborg Bachmann zu verwenden, »ein anderer Geist«.[209] Mit dem, was Franz mit »Armut« meinte, konnte er offenbar nichts anfangen. Zudem hielt er ihn für denkbar ungeeignet, den neuen Orden zu organisieren und zu führen. Als Heiliger jedoch war Franz für den Orden unermesslich wertvoll.

Er verschaffte ihm sozusagen die höhere Weihe. Darum musste Franz' Ende sorgfältig vorbereitet werden.

Seine letzten Tage sollte er in Assisi verbringen. Auf dem Weg dorthin wurde die Eskorte von Soldaten bewacht, denn es war Städten wie Perugia durchaus zuzutrauen, dass sie Franziskus entführen wollten. In Assisi, wo man ihn aus Sicherheitsgründen im Bischofspalast unterbrachte, wurde er mit Jubel empfangen. Dass diese Freude nicht uneigennützig war, das entging auch dem sonst zur Schönmalerei neigenden Thomas von Celano nicht, bei dem es in ungewohnter Nüchternheit heißt: »Es freute sich die Stadt bei der Ankunft des seligen Vaters, […] alle Leute hofften nämlich, der Heilige Gottes werde bald sterben, und das war der Grund des großen Jubels.«[210]

Franz tat ihnen nicht den Gefallen, bald zu sterben. Seine Aufgabe war noch nicht erfüllt. Da er nicht mehr reisen konnte, wollte er nun, wie der Apostel Paulus, Briefe in die Welt schicken, um allen noch mal deutlich zu machen, was ihm wichtig war und woran sie sich halten sollten. Er schrieb oder vielmehr diktierte Rundbriefe an alle Brüder des Ordens, an die verantwortlichen Minister, ja sogar an alle gläubigen Männer und Frauen und alle Politiker. Der Romanist Erich Auerbach hat darauf hingewiesen, dass diese Texte nicht so geschliffen und gekonnt formuliert sind wie die Schriften anderer großer Gestalten in der Kirchengeschichte, dafür aber eine unvergleichliche

Kraft besitzen. Man habe, so Auerbach, das Gefühl, als würde er persönlich zu den Menschen sprechen, an die er sich wendet.[211]

Eindringlich beschwört er sie, anderen mit Nachsicht und »Erbarmen« zu begegnen und niemanden, wenn er einen Fehler gemacht hat, zu beschämen oder herabzusetzen. Vor allem aber sollten sie an der Besitzlosigkeit festhalten und niemals danach trachten, andere zu übertrumpfen. In einigen Briefen droht Franz mit Strafen, was man von ihm so nicht kennt und seiner Aufforderung zu Nachsicht und Güte eigentlich widerspricht. Aber wenn man bedenkt, welche Richtung der Orden bereits eingeschlagen hatte, dass nach ihm Leute wie Elias den Ton angeben würden und dass dies die letzte Gelegenheit war, auf die zukünftige Entwicklung des Ordens Einfluss zu nehmen, kann man verstehen, warum er es für nötig hielt, einen strengeren Ton anzuschlagen.

Schon in Siena hatte er damit begonnen, ein Testament zu verfassen, an dem er jetzt, in Assisi, weiterschrieb. Das Dokument ist sein Vermächtnis an die Welt. Es ist das Bild einer armen Kirche und einer herrschaftsfreien, klassenlosen Gesellschaft, das er entwirft, eines Zusammenlebens, bei dem weder durch Wissen noch durch Eigentum Machtstrukturen geschaffen werden. Es ist ein Bild vom Menschen, der sich als Teil einer göttlichen Schöpfung begreift und zu allen Naturerscheinungen ein geschwisterliches Verhältnis hat.

Im Hinblick auf die vom Papst bestätigten Regeln für den Orden hält Franz noch einmal fest, wie er sich einen Minderbruder vorstellt: Er soll nichts besitzen, er soll »ungebildet und untertan« sein, er soll mit seinen Händen arbeiten, wie ein »Pilger und Fremdling« leben und keine Privilegien erbitten. Anders gesagt: Er soll frei sein, sich nicht abhängig machen, sich nicht durch Besitz binden, über niemanden Macht ausüben und an keinem Ort wie an einer Heimat hängen. Und in der Befürchtung, dass an diesen Grundsätzen heruminterpretiert wird, fügt er hinzu, man dürfe »nichts hinzufügen oder wegnehmen«.[212]

Der Bischofspalast in Assisi, in dem Franz lag, war schwer bewacht. Die Mitglieder einer Bürgermiliz, die hier Tag und Nacht standen, werden sich gewundert haben, warum es im Palast so fröhlich zuging, wo sie doch dachten, einen Todkranken zu bewachen. Sie wussten nicht, dass Franz mit seinen Freunden auch deswegen Lieder sang, um ihnen, den Wachleuten draußen, bei ihrem eintönigen Dienst ein wenig Freude zu machen. Abgesehen davon, wollte Franz nicht, dass in seiner Kammer eine bedrückte Stimmung herrscht und um ihn herum nur traurige Gesichter sind. Er forderte Leo und Angelo immer wieder auf, mit ihm zu singen. Er ließ sich auch nicht von Elias davon abhalten, der meinte, die Bewohner Assisis würden es befremdlich finden, dass er, Franz, so fröhlich sei, anstatt sich in aller Ernsthaftigkeit auf den Tod vorzubereiten.[213] Der Tod hatte für Franz keinen Schrecken. Er wusste, wie es um ihn stand, und wollte nicht, dass man ihm etwas vormachte.

Als im September ein befreundeter Arzt aus Arezzo zu ihm kam, fragte Franz ihn geradeheraus, wie er seinen Zustand einschätze. Der Arzt wollte ihn nicht beunruhigen und meinte, dass mit Gottes Hilfe alles gut werde. Als Franz ihn daraufhin aufforderte, die Wahrheit zu sagen, antwortete der Arzt, dass er unheilbar krank sei und Ende September, Anfang Oktober sterben werde.[214] Anstatt nun zu klagen, dichtete Franz eine weitere Strophe seines *Sonnengesangs*, mit dem er »Bruder Tod« lobte, dem kein Mensch entrinnen kann. Dann rief er Leo und Angelo und bat sie, das Lied zu singen mit der neuen Strophe vom »Bruder Tod«.

Franz wusste nun, dass er nur noch wenige Tage zu leben hatte, und dieses Ende wollte er auf keinen Fall in einem Palast erleben. Er verlangte, nach Portiuncula gebracht zu werden, was für erhebliche Unruhe unter den Bürgern Assisis sorgte. Außerhalb der Stadt war Franz weit schwieriger zu überwachen. Schließlich wurde er mit einer Trage zur kleinen Kirche und den Hütten im Wald transportiert, begleitet von einer Eskorte bewaffneter Männer. Die kleine Hütte nahe der Kapelle, in die man ihn legte, muss einer kleinen Festung geglichen haben. Franz versammelte seine treuesten Mitbrüder um sich. Wieder sangen sie gemeinsam das *Sonnenlied*. Dann tat

Franz etwas, womit keiner rechnete. Mit letzter Kraft zog er sich Kutte und Unterhose aus und setzte sich nackt auf den Boden. Das tat er, um seinen Mitbrüdern zu zeigen, wie er sterben wollte. Wenn seine Stunde gekommen war, sollten sie ihn entkleiden und nackt auf den Boden legen. Das war seine letzte große Geste, eine Geste, mit der alles gesagt sein würde, was er vorgelebt und in Briefen und im Testament beschrieben hatte. Nackt war er geboren worden, nackt hatte er vor seinem Vater gestanden, nackt wollte er diese Welt verlassen. Nackt, das heißt vor allem: ohne Besitz und darum schutz- und wehrlos.

Noch war es aber nicht so weit. Er hatte noch einen Wunsch, der alle überraschte und vermutlich verlegen machte. Er wollte seine Freundin Jacoba noch einmal sehen, bei der er immer zu Gast gewesen war, wenn er sich in Rom aufgehalten hatte. Er bat seine Freunde, einen Brief an sie zu schreiben. Sie solle kommen und ihm ein Tuch, Kerzen, ein Kopfkissen und vor allem jene Süßspeise mit Mandeln, Zucker und Honig mitbringen, die ihm immer so gut geschmeckt habe. Der Brief war noch nicht losgeschickt, als Franz gemeldet wurde, dass Jacoba mit ihrem Sohn und Gefolge eingetroffen sei. Sie hatte schon vor Tagen gehört, dass Franz nicht mehr lange leben werde, und sich gleich auf den Weg gemacht. Ob Jacoba wirklich alles dabeihatte, was sich Franz gewünscht hatte, kann man bezweifeln, die Süßspeise jedenfalls hatte sie mitgebracht.

Dieser Frauenbesuch am Sterbelager hat spätere Biografen in arge Bedrängnis gebracht. Dass Franz in seinen letzten Stunden eine Frau bei sich haben wollte, so vertraut mit ihr umging und auch noch nach einer Süßspeise verlangte, das konnten sie nicht oder nur schwer mit ihrem Bild von einem Heiligen vereinbaren. Dabei ist davon auszugehen, dass Jacoba bis zum Schluss bei Franz geblieben ist. Auch seine Mitbrüder wichen nicht mehr von seinem Lager. Immer wieder mussten Leo und Angelo das *Sonnenlied* singen. In der Hütte feierte er mit allen noch einmal das Abendmahl, ohne Altar und Priester.

Am Samstag, dem 3. Oktober 1226, verabschiedete er sich von seinen Freunden und in den Abendstunden verstarb er. Mehrere Quellen berichten, dass in diesem Moment ein Schwarm Lerchen über die Hütte hinwegflog. Die Lerche war Franz' Lieblingsvogel, weil ihr Federkleid der Kutte und der Kapuze der Minderbrüder glich, sie so fröhlich singend zum Himmel steigt, sich dann wieder auf das Feld fallen lässt, nach Nahrung sucht und sich mit ein paar Getreidekörnern zufriedengibt.

Seine Freunde hielten ihr Versprechen. Sie entkleideten den toten Franz und legten ihn nackt auf den Lehmboden.[215] Franz hatte sich gewünscht, in der Portiuncula-Kirche beerdigt zu werden. Doch das wollten die Bewohner von Assisi nicht zulassen. Zu groß war für sie die Gefahr, dass man den Leichnam mit Gewalt nach Perugia entführen könnte. Am nächsten Morgen wurde der Leichnam in einer feierlichen Prozession nach Assisi gebracht. Der Trauerzug machte einen Umweg über San Damiano. Er hielt vor dem Kloster, damit Klara noch einmal einen Blick auf ihren toten Freund werfen konnte. Dann zog man zur Kirche San Giorgio, wo das Kind Francesco Schreiben und Lesen gelernt hatte und wo er jetzt vorläufig in einem steinernen Sarkophag, den man mit eisernen Haken an der Wand befestigte, beigesetzt wurde.

Kaum dass Franz gestorben war, unternahm Elias die nötigen Schritte, um aus ihm eine überragende Heiligenfigur zu machen. Er verschickte ein Rundschreiben, in dem er Franziskus' Tod mitteilte und mit »großer Freude« verkündete, dass der Leichnam die »Wundmale Christi« am Körper trage.[216] Damit erhob er Franz von Assisi über alle früheren Heiligen, die eine solche Auszeichnung nicht vorweisen konnten. Elias war es auch, der eine große Kirche plante, in der Franziskus seine letzte Ruhestätte finden und die das Zentrum seiner Verehrung werden sollte. Zwei Jahre später kündigte der Papst Gregor IX. den Bau einer gewaltigen Basilika an und rief alle Gläubigen auf, für das Unternehmen zu spenden. Dieser Papst war niemand anderer als der Kardinal Ugolino, ehemals Franziskus' Verbindungsmann nach Rom, der im Jahr 1227 auf den Heiligen Stuhl gewählt worden war.

Zwei Jahre nach seinem Tod, am 16. Juli 1228, wurde Franz von Assisi von Gregor IX. heiliggesprochen. Thomas von Celano, der bei dieser prunkvollen Veranstaltung anwesend war, schildert die mit Gold und Edelsteinen besetzte Amtstracht des Papstes und die »schimmernden Ketten« und »schneeweißen, leuchtenden Gewänder« der Kardinäle und Bischöfe.[217]

Kurz nach der Heiligsprechung wurde der Grundstein für die Franziskuskirche gelegt. Die Leitung dieses gigantischen Projekts wurde Elias anvertraut. Von ihm stammt vermutlich auch die Idee einer Doppelkirche, wobei eine über die andere gebaut werden sollte. Vor der Baustelle ließ Elias ein marmornes Gefäß aufstellen, um Geld zu sammeln. Für Leo und die Freunde von Franz, die am Geldverbot festhielten, war dieses marmorne Monstrum ein Verrat an ihrem Gefährten. Gegen den Bau der Kirche waren sie machtlos, aber wenigstens gegen diese riesige Sammelbüchse wollten sie etwas unternehmen. In einer gemeinsamen Aktion zertrümmerten sie das Gefäß. Elias ließ sie daraufhin auspeitschen und aus der Stadt werfen.[218]

Als die Unterkirche fertig war, sollten die sterblichen Überreste von Franziskus im Mai 1230 dorthin überführt werden. Dabei kam es zu einem Skandal. Die Tausenden von Gläubigen und die Vertreter des Papstes, die zu diesem feierlichen Anlass nach Assisi gekommen waren, hatten erwartet, den, wie behauptet wurde, gut erhaltenen

Körper des Heiligen mit den Wundmalen zu Gesicht zu bekommen. Wie sich herausstellte, hatte Elias den Leichnam schon drei Tage vorher an einen geheim gehaltenen Ort unter der Kirche bringen lassen. Offenbar war Franz' Leiche nicht so präsentabel und er wollte Enttäuschungen oder Zweifel am stigmatisierten Körper unbedingt vermeiden. Er versteckte den Leichnam so gut, dass er jahrhundertelang nicht gefunden werden konnte.

Die Brüder des neben der Kirche liegenden Klosters machten ein gutes Geschäft damit, »hochgestellte und gut zahlende Besucher«[219] in eine unterirdische Grabkammer zu führen und ihnen den aufrechtstehenden, unverwesten Leichnam des Franziskus zu präsentieren, an dem sogar die Kleider unversehrt waren. Als dieser »fromme Betrug« aufflog, wurden weitere Versuche unternommen, den Sarkophag zu finden. Aber erst im Dezember des Jahres 1818 wurde er nach umfangreichen Grabungsarbeiten entdeckt. Er wurde in einer neu geschaffenen Krypta auf einen Altar gestellt, wo man ihn heute noch besichtigen kann.

Was geschah nach Franz' Tod und was wurde aus seinem geistigen Erbe?

Elias versuchte, sich mit Gewalt an die Spitze des Ordens zu bringen. Als dies misslang, verlor er vorübergehend das Vertrauen des Papstes, versöhnte sich wieder mit ihm und wurde wenige Jahre später zum »Generalminister« des Ordens gewählt. Durch seinen luxuriösen

Lebenswandel und seinen rücksichtslosen Führungsstil brachte er viele Mitbrüder gegen sich auf und wurde schließlich abgesetzt. Er wechselte daraufhin die Seiten und machte Karriere als Berater des Kaisers Friedrich II. Elias starb im April 1253 in seiner Heimatstadt Cortona und wurde dort in der von ihm gebauten Kirche »San Francesco« bestattet.

Wenige Monate nach der heimlichen »Umbettung« von Franz' Leichnam in die Unterkirche der Basilika in Assisi, im September 1230, erklärte Papst Gregor IX. Franz' Testament für ungültig. Damit begann der Kampf um das Erbe des Franz von Assisi. Es bildeten sich zwei Parteien heraus, die man als die Idealisten einerseits und die Realisten andererseits bezeichnen kann. Die einen, eine Minderheit, die man »Spirituale« nannte, wollten den ursprünglichen Geist der Bewegung bewahren. Sie hielten strikt an der Armutsforderung und am Geldverbot fest. Die anderen, die »Konventualen«, so benannt, weil sie in »Konventen«, also festen Einrichtungen lebten und wirkten, behaupteten, dass man diese Ideale nur eingeschränkt, im Rahmen der gegebenen Möglichkeiten verwirklichen könne. Sie legten Wert auf finanzielle Absicherung, ließen sich bereitwillig Privilegien ausstellen und nahmen nur solche neuen Mitglieder auf, die theologisches Vorwissen vorweisen konnten. Laien, wie Franz und einige seiner engsten Gefährten es noch gewesen waren, wurden nach und nach aus dem Orden verdrängt.

Da die Konventualen eng an die Kirche gebunden waren, wurden sie von Rom auch im Kampf gegen die Spiritualen eingesetzt. Als Gregor IV. die Inquisition einführte, machte er neben den Dominikanern auch papsttreue Franziskaner zu »Soldaten Christi«. So kam es, dass franziskanische Inquisitoren ihre spirituellen Mitbrüder verfolgten, foltern ließen und sie zum Tod auf dem Scheiterhaufen verurteilten.

Um der Spaltung des Ordens ein Ende zu bereiten, wollte man eine gemeinsame Linie verordnen. Im Jahr 1260 wurde beschlossen, dass alle bisherigen Schriften über das Leben des Franz von Assisi vernichtet werden müssten, auch die Erinnerungen von Franz' Gefährten und die Schilderungen des Thomas von Celano. Von jetzt an sollte es nur noch eine offiziell gültige Lebensbeschreibung geben, die der Generalminister des Ordens, Bonaventura da Bagnoregio, verfassen sollte. Bonaventura, der später heiliggesprochen wurde, machte in seiner Schrift Franz zu einer überirdischen Gestalt, deren Bedeutung hauptsächlich darin bestand, dass sie Wunder bewirkte.

Unter dem Druck der Verfolgung und angesichts einer reichen, korrupten Kirche einerseits und der Verelendung großer Teile der Gesellschaft andererseits radikalisierten sich Teile der Spiritualen und riefen zum gewaltsamen Widerstand auf. Berühmt und berüchtigt wurde der Priestersohn Fra Dolcino aus Novara. Er kritisierte die »Klerikerkirche«, predigte im Namen der Armut gegen das

Eigentum und behauptete, dass man die Ideale eines Franz von Assisi nur mit Gewalt durchsetzen könne. Viele einfache Bauern und Handwerker schlossen sich ihm an. Diese »Dolcianer«, wie man sie nannte, führten ein Leben im Untergrund, verschanzten sich in einer Bergfestung und zogen plündernd und mordend durchs Land. Im Frühjahr 1307 kam es zu einer großen Schlacht mit dem päpstlichen Heer. Fra Dolcino wurde gefangen genommen und später auf grausamste Weise gefoltert und anschließend verbrannt.

Kritiker und Feinde der Kirche konnte man mundtot machen oder vernichten, aber die Idee von einer armen Kirche ließ sich nicht so einfach aus der Welt schaffen. Auch papsttreue Kleriker konnten den Spiritualen nicht widersprechen, wenn die sich auf die Bibel und auf die Armut des Jesus von Nazaret beriefen. Zu welch grotesken Winkelzügen es kam, um das Eigentum der Kirche zu verteidigen, das hat Umberto Eco in seinem Roman *Der Name der Rose* sehr eindringlich geschildert.

Dort fallen in einer »brüderlichen« Diskussion die verschiedenen Parteien übereinander her und bewerfen sich mit übelsten Beschimpfungen, als um die Frage gestritten wird, ob Jesus einen Geldbeutel besaß. Für die Hauptfigur des Romans, den klugen Franziskanermönch William von Baskerville, geht es nicht darum, ob Christus arm war, sondern darum, ob die Kirche arm sein soll. »Und arm sein«, so William weiter, »heißt nicht so sehr keine Paläste besitzen, sondern darauf verzichten, die irdischen Dinge bestimmen zu wollen.«[220]

Schon allein der Gedanke an eine solche radikale Konsequenz war für die Kirche eine Gefahr. Es war der Papst Johannes XXII., der diesem Armutsstreit ein Ende machen wollte und im November 1323 die Behauptung, Christus und seine Jünger seien besitzlos gewesen, zur Irrlehre erklärte. Damit machte er indirekt auch Franz von Assisi zum Häretiker und schloss ihn aus der Kirche aus. Die Spaltung des Ordens konnte der Papst mit seinem Dekret nicht aufheben. Viele Spirituale flüchteten ins Ausland und begaben sich unter den Schutz weltlicher Herrscher. Im Grunde hält diese Spaltung bis heute an, was sich an den verschiedenen Ordenszweigen der Franziskaner zeigt.

Untrennbar verbunden ist diese Spaltung mit der Frage, wie man die Ideale des Franz von Assisi auch heute noch verstehen und, was wichtiger ist, leben kann. Diese Fragen haben die Schriftstellerin Luise Rinser auf die Idee gebracht, Franz von Assisi ins zwanzigste Jahrhundert zu versetzten. Sie wollte wissen, wie er wäre und was er täte, »wenn er heute lebte«. In ihrem Buch *Bruder Feuer* macht sie Franz zum Mittelpunkt einer Kommune, dem sich viele junge Leute anschließen, die anders leben wollen, als es von ihnen erwartet wird. Man könne Franziskus nicht nachahmen, meint Rinser im Vorwort, »wir können uns von ihm nur beraten lassen«.

Dass Franz so jung gestorben ist, findet Rinser nicht bedauerlich, sondern bezeichnend, und sie schreibt: »Er war immer *jung*, den Jungsein bedeutet: die ›Erstlingsliebe‹ bewahren, den großen Schwung der Hoffnung und Liebe, der einen Menschen fähig macht zu fliegen, während die Immer-Alten mühsam und verbittert auf der Erde kriechen.

Franziskus ist der Heilige der jungen und der sich immer wandelnden Menschen.«[221]

Nachwort

Den wenig reizvollen Weg durch die Vororte Roms spare ich mir und steige in einen Zug nach Roma Termini. Mein Nachtzug nach München fährt erst abends und ich habe noch fünf Stunden Zeit, mich in der Hauptstadt umzuschauen. Doch schon auf dem kurzen Weg zur Piazza della Repubblica vergeht mir die Lust, in den vor Hitze glühenden Straßen weite Strecken zurückzulegen. Die roten Leuchtziffern einer Laufschrift zeigen achtunddreißig Grad. Auf den kühlen Marmortreppen der Arkaden verspeise ich die Reste meines Proviants und schaue mir auf dem Handy die nähere Umgebung meines Standortes an.

Nach den vielen Tagen in freier Natur fühle ich mich in der hektischen Stadt unwohl und es zieht mich in die nächstgelegene Grünanlage. Zum Park der Villa Borghese ist es nicht weit. Auf dem Weg dorthin bewege ich mich von Schatten zu Schatten. Überall hängen Fahnen mit den italienischen Nationalfarben. Aus einem vorbeifahrenden Auto wird mit einer gewunken. Italien ist im Fußballfieber. Die Europameisterschaft geht in die letzte Phase und am Abend spielt die italienische Nationalmannschaft gegen Belgien.

Im Park lege ich mich in den Schatten einer riesigen Pinie unterhalb der Villa Borghese und packe meine Wasserflasche und das grüne Franz-Büchlein aus dem Rucksack. Darin stehen auch die Erinnerungen Leos an Franz und die ersten Jahre der Gemeinschaft. Er schrieb sie nieder, als 1260 die Biografie Bonaventuras zur einzig gültigen erklärt und alle anderen verboten worden waren. Leo, der 1271 starb, versteckte seine Blätter in der Kirche Santa Chiara in Assisi, die zu Ehren der heiligen Klara erbaut worden war. Dort waren sie sicher und wurden später auf verschlungenen Wegen weitergegeben. Den Aufzeichnungen merkt man an, dass sie mit jedem Satz gegen die »vernünftigen Anpassungen«[222] protestieren und gegen die Auffassung, dass Franz' Forderungen nur Utopie und eigentlich unlebbar sind. Sind sie lebbar, auch heute noch?

Unter einer nahen Pinie lässt sich eine Gruppe Kinder nieder, die von einer Frau im Zaum gehalten werden, die Französisch spricht. Lange bleiben die Kinder nicht sitzen und fangen an herumzulaufen und sich zu jagen. Wenn sie in meine Nähe kommen, schauen sie mich an mit einer Mischung aus Scheu und Neugier. Sie rätseln wohl, ob ich ein Wanderer bin oder ein Landstreicher. Meine letzte Dusche liegt weit zurück, ich bin unrasiert und mein Hemd ist an der Schulter zerrissen. Ich habe Schuhe und Strümpfe ausgezogen und man sieht meine zerkratzten Beine – Andenken an einen Nachmittag nahe Spoleto, als ich vom Weg abkam und mich durch ein dichtes Unterholz kämpfte.

Ein Junge bleibt vor mir stehen und starrt auf mein Buch. »Francesco«, sage ich und halte es hoch. Er schaut mich verständnislos an und ich begreife, dass ich einen kleinen Franzosen vor mir habe. *»François, François d'Assise«*, sage ich. Er nickt und ich frage ihn, ob er Franziskus kennt. *»Ah oui!«*, meint er und macht mit seinen beiden Händen den Flügelschlag von Vögeln nach und lässt sie um seinen Kopf flattern. Ich muss lachen. *»Oui«*, sage ich, *»les oiseaux. François et les oiseaux.«* Der Junge strahlt und läuft zurück zu den anderen. Ich kenne dieses Strahlen auf den Gesichtern von Kindern, wenn sie von Franziskus erzählen. Und oft habe ich erlebt, mit welcher Begeisterung und Hingabe sie *»Laudato si', o mio signore«* singen. Kinder, so mein Eindruck, verstehen ganz unmittelbar seine Freude an Blumen, Tieren, Wolken, Wind, Regen, Sonne, Mond und Sternen und die tiefe Dankbarkeit dafür.

Aber was ist mit dem anderen Franz von Assisi, dem unbequemen, der schon zu seiner Zeit ein störender Außenseiter war und dessen Botschaft auch heute unsere Lebensweise infrage stellt? Kann sein Beispiel unser Denken und Handeln beeinflussen oder uns zumindest verunsichern? Diese Frage ist untrennbar verknüpft mit der anderen Frage, warum es uns Menschen so schwerfällt, unser Verhalten zu ändern, obwohl wir wissen, dass dieses Verhalten über kurz oder lang uns selbst und anderen vehement schadet. Erich Fromm sieht den Grund dafür in einer gefährlichen Bequemlichkeit. Wir wollen nicht auf die Vorteile und Annehmlichkeiten eines Lebens im Wohlstand verzichten und dafür nehmen wir sogar in Kauf, dass der Planet Erde für zukünftige Generationen unbewohnbar wird.

Hinter dieser Bequemlichkeit steckt eine andere Kraft, die uns ans Gegebene fesselt und die stärker ist als das, was man landläufig als Macht der Gewohnheit bezeichnet. Es ist eine tiefe Verwurzelung in unsere Lebensverhältnisse, die wir meistens nicht mehr wahrnehmen. Jede Generation wird in eine Welt hineingeboren, die sie als selbstverständlich nimmt. Für ein Kind ist es normal, dass es Autos, Flugzeuge, Fernseher und Smartphones gibt. Und mit allen weiteren Veränderungen, die sich im Laufe eines Lebens ergeben, schwimmt man gleichsam mit. Was wir an Kultur, Technik, Wissenschaft vorfinden, ist für uns das Normale und wir können uns nur mehr schwer vorstellen, dass es auch anders sein könnte. Das liegt vor allem daran, dass diese Umwelt nichts Äußerliches ist, keine Dekoration, sondern uns bis in unsere Gefühle, unsere Werte, unsere Beziehungen und sogar bis in unser Geschmacksempfinden hinein prägt. Franz von Assisi hat das früh erkannt, als er nach seinem Ausstieg aus der bürgerlichen Welt entdeckte, dass er das, was ihm vorher »bitter« vorkam, jetzt als »süß« empfand.

Gerade weil wir von unserer kulturellen und technischen Umgebung bis ins Innerste durchdrungen sind, nehmen wir auch ihre Schattenseiten wie Artensterben, Massentierhaltung oder Klimaerwärmung als etwas hin, das zwar schädlich und bedrohlich ist, aber doch irgendwie dazugehört, und das wir mit den bewährten Methoden der Krisenbewältigung in den Griff bekommen können. Gleichzeitig verfestigt sich der Glaube, dass uns ein gewisser Lebensstandard zusteht, ja dass wir ihn verdient haben. Wir glauben, ein Recht auf ein Leben in Wohlstand und Freiheit zu haben, ein Recht auf volle Regale im Supermarkt, auf den besten Impfstoff, auf billiges Benzin und mehrmals Urlaub im Jahr. Aber wer gibt uns dieses Recht? Womit haben wir das alles verdient?

Wo dieses Anspruchsdenken herrscht, ist es riskant, von Verzicht zu reden. Unverfänglich kann man dieses Wort nur noch verwenden, wenn es um Tipps fürs Abnehmen geht oder um freiwillige Einschränkungen in der Fastenzeit. In der politischen Diskussion ist »Verzicht« zum Kampfbegriff geworden. Wer zum Verzicht auffordert, wird schnell öffentlich an den Pranger gestellt und ihm wird vorgeworfen, andere Menschen bevormunden, ihnen Rechte und Freuden vorenthalten oder nehmen zu wollen, die ihnen zustehen. Für liberale Politiker ist Verzicht gleichbedeutend mit Verbot und Verlust von Freiheit. Dabei müsste es um die Frage gehen, mit welchem Verhalten wir aufhören, auf welche Dinge wir verzichten sollen, deren Produktion und Nutzung für Mensch und Tier Leid erzeugen und unsere Lebensgrundlagen zerstören.

Was wir brauchen, ist eine »Kultur, die das Aufhören lernt«, wie der Soziologe Harald Welzer sie fordert.[223] Menschen dazu zu bewegen, mit einem bestimmten Verhalten aufzuhören, ist jedoch nur dann sinnvoll und Erfolg versprechend, wenn es gelingt, sie davon zu überzeugen, dass man durch Verzicht an Lebensqualität gewinnen, ja glücklicher werden kann. Welzer schildert eindrückliche Beispiele von Menschen, denen diese Kunst des Aufhörens gelungen ist. In diese Reihe würde auch Franz von Assisi passen. Eigentlich ist er das Paradebeispiel. Er war ein Meister des geglückten Aufhörens. Sein Fall unterscheidet sich allerdings von anderen Erfolgsgeschichten, weil bei ihm eine Dimension hinzukommt, nämlich die religiöse.

Franz von Assisi war ein durch und durch religiöser Mensch. Sein Aufhören ist nicht zu verstehen ohne seinen Glauben. Sein Widerstand ist nicht zu trennen von seinem Verständnis der christlichen Botschaft. Mystik und Widerstand sind bei ihm eins. Braucht also die »Kunst des Aufhörens« den Glauben an einen Schöpfergott oder zumindest eine spirituelle Grundlage?

Der Religionsphilosoph Martin Buber hat darauf hingewiesen, dass sich religiös inspirierte Reformbewegungen grundsätzlich von rein weltlichen unterscheiden. Während politische Revolutionäre die »alten« Verhältnisse überwinden oder zerstören wollen, um eine Zukunft nach ihren eigenen Vorstellungen zu schaffen, orientiert sich ein religiöser Revolutionär an einem ursprünglichen Zustand, an einem Anfang. Das ist kein zeitlicher Anfang, keine glorreiche Vergangenheit. Es ist ein Wissen davon, wie die Welt und der Mensch »gemeint waren« und wie sie wieder sein könnten.[224] Diese Verheißung schließt den Glauben daran ein, dass jeder Mensch eine mehr oder weniger verborgene Erinnerung an dieses Paradies in sich trägt und es möglich ist, diese Utopie vom guten Leben auch zu verwirklichen, ohne sich wieder in den Kreislauf von Angst, Hass, Gewalt und Krieg zu verirren.

Franz von Assisi hat es vorgemacht. Es war diese Vision davon, wie wir Menschen und unsere Welt von Gott ursprünglich gedacht waren, die das Leben des verwöhnten Bürgersohns zum Einsturz brachte. Fortan ging es ihm nicht mehr um Fortschritt, sondern um eine Rückkehr, um Rückbildung, um die »Bereitschaft zur Reduktion«[225]. So wurde aus dem reichen Bürgersohn der Minderbruder Franziskus, der über keinen Menschen und kein Mitgeschöpf herrschen wollte, der nichts besaß, keine Heimat hatte und ein glücklicher Mensch war. Für alle, die nach ihm kommen, muss es die Aufgabe sein, die Erinnerung an diese Utopie wachzuhalten, und zu versuchen, sie unter veränderten Bedingungen zu verwirklichen.

Ich sitze endlich im Nachtzug nach München. Ich bin allein in meinem Abteil und kann mich richtig ausbreiten. Als der Zug langsam anfährt, stürmt ein Mann herein. Er ist verwirrt, scheint mich kaum wahrzunehmen und klopft sich suchend seine Hose und Jacke ab. Er verschwindet, nur um einige Minuten später wieder die Abteiltür aufzureißen. Er stellt sich vor mich, klopft wieder gegen seine Jacke und schaut mich verzweifelt an. Er ist Italiener und erklärt mir wortreich, dass er sein Handy vergessen hat. Mein Einwurf, dass ich Deutscher bin, hält ihn nicht davon ab, weiter auf mich einzureden, als sei ich ein Landsmann. Von seinem Redeschwall entnehme ich so viel, dass er Hals über Kopf von zu Hause aufbrechen musste. *»Un'emergenza«*, sagt er wiederholt, *»un'emergenza«*. Ein Notfall!

Aus den Worten, die ich verstehe, reime ich mir zusammen, dass er zu seinem Bruder will, der in der Nähe von München wohnt. *»Mio fratello«*, sagt er beschwörend, als müsste ich verstehen, was mit seinem Bruder los ist. Er hatte nicht einmal Zeit, ein Paar Sachen zu packen. Nur das, was er am Leib trägt, hat er dabei. Ich biete ihm mein Handy an. Er bedankt sich überschwänglich und nennt mich *amico,* Freund. Die nächste halbe Stunde telefoniert er lautstark und aufgeregt mit jemandem, von dem ich vermute, dass es sein Bruder ist.

Als es draußen dunkel wird, zeige ich ihm, wie man die Sitze zu einer Liegefläche auseinanderzieht. Mein italienischer Begleiter deutet auf meinen Rucksack und will wissen, ob ich ein *pellegrino*, ein Pilger bin. Ich antworte ihm halb Englisch, halb Italienisch, dass ich auf dem Franziskusweg gewandert bin, von Assisi nach Rom. *»Ah Francesco!«*, meint er begeistert, *»un buon uomo! Un Santo!«* »Ja«, sage ich, »ein guter Mann.« Damit ist seine Neugier schon befriedigt und unser Gespräch über Franz erschöpft. Mein Reisegefährte streckt sich müde auf seinem Teil unserer Liegefläche aus. Ohne Kissen sucht er eine bequeme Stelle, wo er seinen Kopf hinlegen kann, findet aber nichts. *»Prego«*, sage ich und reiche ihm meine Schlafsackrolle. *»Grazie mille«*, meint er und schiebt sie sich unter den Kopf. Wenige Minuten später ist aus seiner Ecke nur noch lautes Schnarchen zu hören. Bei diesem Lärm kann ich nicht schlafen. Das macht aber nichts, weil ich noch viel in meinem Reisetagebuch nachzutragen habe.

Der Zug fährt durch die Nacht auf die Alpen zu. Irgendwann gegen Mitternacht muss ich eingeschlafen sein. Die letzten Sätze, die ich in mein Tagebuch geschrieben habe, sind: »Ich glaube, ich verstehe Franz jetzt besser. Ich muss unbedingt noch mal auf seinen Wegen wandern. Mein italienischer Freund schnarcht weiter.«

Der Sonnengesang des Franziskus

Du höchster, allmächtiger, guter Herr,
Dein sind das Lob und der Ruhm
und die Ehre und aller Segen.
Dir allein, Du Höchster, gebühren sie,
und kein Mensch ist würdig,
Deinen Namen zu nennen.

Gelobt seist Du, mein Herr,
mit all Deinen Geschöpfen,
Schwester Sonne besonders,
die den Tag macht
und durch die Du uns erleuchtest.
Schön ist sie
und strahlend mit großem Glanz,
ein Bild von Dir, Du Höchster.

Gelobt seist Du, mein Herr,
durch Bruder Mond und die Sterne;
am Himmel hast Du sie gebildet,
klar und kostbar und schön.

Gelobt seist Du, mein Herr,
durch Bruder Wind,
durch Luft und Wolken,
durch den heiteren Himmel
und jegliches Wetter,
durch das Du Deinen Geschöpfen
den Unterhalt gibst.

Gelobt seist Du, mein Herr,
durch Schwester Wasser,
die sehr nützlich und demütig ist
und kostbar und rein.

Gelobt seist Du, mein Herr,
durch unseren Bruder, das Feuer,
durch das Du uns erleuchtest die Nacht.
Schön ist es und fröhlich
Und kraftvoll und stark.

Gelobt seist Du, mein Herr,
durch unsere Schwester Mutter Erde,
die uns trägt und ernährt
und vielfältige Früchte hervorbringt
und bunte Blumen und Kräuter.

Gelobt seist Du, mein Herr,
durch jene, die verzeihen
um Deiner Liebe willen
und Krankheit leiden und Not.
Selig, die ausharren in Frieden,
denn von Dir, Du Höchster,
werden sie einst gekrönt.

Gelobt seist Du, mein Herr,
durch unseren Bruder, den leiblichen Tod,
dem kein lebendiger Mensch entrinnen kann.
Weh denen, die sterben in schwerer Sünde;
Selig jene, die erfunden sind
In Deinem heiligen Willen,
denn der zweite Tod
wird ihnen nichts Böses antun.

Lobet und preist meinen Herrn
Und dankt und dient ihm
mit großer Demut.

Übersetzung von Fra Bernardino. Zitiert mit freundlicher Genehmigung nach: Bernardino Greco / Elisabeth Fuchs-Hauffen, *Franziskus von Assisi. Der zärtliche Umgang mit der Schöpfung*, Wörthsee bei München: Fotokunst-Verlag Groh, S. 32/33

Siehe auch: https://partnerschaftsverein-melsungen.de/2022/06/06/nachruf-zum-tode-fra-bernardinos/

Verwendete Literatur

Auerbach, Erich, *Mimesis*, Bern, München: Francke 1964
Auffahrt, Christoph, *Katharer, Waldenser und andere Bewegungen*, München: Beck 2016
Berg, Dieter / Lehmann Leonhard (Hrsg.), *Franziskus-Quellen*, Kevelaer: Butzon & Bercker 2009
Berg, Dieter, *Franziskus von Assisi. Der sanfte Rebell*, Ditzingen: Reclam 2017
Boff, Leonardo, *Franziskus aus Rom und Franz von Assisi. Ein neuer Frühling für die Kirche*, Kevelaer: Butzon & Bercker 2014
Boff, Leonardo, *Zärtlichkeit und Kraft. Franz von Assisi, mit den Augen der Armen gesehen*, Düsseldorf: Patmos 1983
Chesterton, G. K., *Der heilige Franz von Assisi*, München: Kösel und Pustet 1927
Daxelmüller, Christoph, *»Süße Nägel der Passion«. Die Geschichte der Selbstkreuzigung von Franz von Assisi bis heute*, Düsseldorf: Patmos 2001
Decker, Gunnar, *Franz von Assisi. Der Traum vom einfachen Leben*, München: Siedler 2016
Drewermann, Eugen, *Kleriker. Psychogramm eines Ideals*, dtv: München 1989
Drewermann, Eugen, *Der Krieg und das Christentum*, Regensburg: Pustet 1991
Eco, Umberto, *Der Name der Rose*, München, Wien: Hanser 1983
Elster, Susanne und Walter, *Franziskusweg*. Rother Wanderführer, München: Rother 2019

Esser, Kajetan, *Anfänge und ursprüngliche Zielsetzung des Ordens der Minderbrüder*, Leiden: E. J. Brill, 1966

Feld, Helmut, *Franziskus von Assisi und seine Bewegung*, Darmstadt: Wissenschaftliche Buchgesellschaft 1994

Fromm, Erich, *Haben oder Sein*, München: dtv 1979

Gobry, Ivan, *Franz von Assisi in Selbstzeugnissen und Bilddokumenten*, Rowohlt 1965

Grau, Engelbert (Hrsg.), *Leben und Schriften der heiligen Klara*, Werl: Dietrich-Coelde-Verlag 1997

Greco, Bernardino / Fuchs-Hauffen, Elisabeth, *Franziskus von Assisi. Der zärtliche Umgang mit der Schöpfung*, Wörthsee bei München: Fotokunst-Verlag 1989

Green, Julien, *Bruder Franz*, Freiburg im Breisgau: Herder 1984

Guardini, Romano, *Der Heilige Franziskus*, Im Verlag der Arche: Zürich 1951

Hesse, Hermann, *Italien*, Frankfurt am Main: Suhrkamp 1996

Hofer, Markus, *Francesco. Der Mann des Jahrtausends. Die historische Gestalt des Franz von Assisi*, Innsbruck, Wien: Tyrolia-Verlag 2000

Holl, Adolf, *Der letzte Christ. Franz von Assisi*, Frankfurt am Main, Berlin, Wien: Ullstein 1982

Jörgensen, Johannes, *Der heilige Franz von Assisi*, München: Kösel 1952

Kammerer, Peter; Krippendorff, Ekkehart; Narr, Wolf-Dieter, *Franz von Assisi – Zeitgenosse für eine andere Politik*, Düsseldorf: Patmos 2008

Karrer, Otto (Hrsg.), *Franz von Assisi, Legenden und Laude*, Zürich. Manesse 1945

Kazantzakis, Nikos, *Mein Franz von Assisi*, Frankfurt am Main, Berlin: Ullstein 1990

Kierkegaard, Søren, *Die Leidenschaft des Religiösen*, Stuttgart: Reclam 1958

Navid Kermani, *Ungläubiges Staunen. Über das Christentum*, München: Beck 2016

Kuster, Niklaus, *Franz und Klara von Assisi. Eine Doppelbiographie*, Ostfildern: Grünewald Verlag 2011

Leppin, Volker, *Franziskus von Assisi,* Darmstadt: Konrad Theiss Verlag 2018
Ludwig, Ralf, *Franz von Assisi,* München: Claudius 2002
Luxemburg, Rosa, *Briefe aus dem Gefängnis,* Berlin: Karl Dietz Verlag 2000
Mockler, Anthony, *Francis of Assisi. The Wandering Years,* Oxford: Phaidon 1976
Moorman, John R. H., *The sources for the life of S. Francis of Assisi,* Farnborough/Hants.: Gregg 1966
Nigg, Walter, *Franz von Assisi,* in: ders., *Große Heilige,* Zürich, Stuttgart: Artemis 1946
Papst Franziskus, *Laudato si'. Die Umwelt-Enzyklika des Papstes,* Freiburg, Basel, Wien: Herder 2015
Pemsel-Maier, Sabine, *Genderperspektiven. Neue Blicke auf Klara von Assisi,* Würzburg: Echter 2018
Pfandl, Ludwig, *Spanische Kultur und Sitte des 16. und 17. Jahrhunderts,* München. Kösel und Pustet 1924
Quensel, Stephan, *Ketzer, Kreuzzüge, Inquisition. Die Vernichtung der Katharer,* Wiesbaden: Springer 2017
Reblin, Klaus, *Franziskus von Assisi. Der rebellische Bruder,* Göttingen: Vandenhoeck & Ruprecht 2006
Riley-Smith, Jonathan (Hrsg.), *Die Kreuzzüge. Kriege im Namen Gottes,* Freiburg, Basel, Wien: Herder 1921
Rinser, Luise, *Bruder Feuer,* Frankfurt am Main: Fischer 1982
Rotzetter, Anton/Bernet, Elisabeth, *Latium, Umbrien, Toskana. Wanderungen auf den Spuren des Franz von Assisi,* Frankfurt am Main: Verlag Josef Knecht 1998
Rotzetter, Anton, *Klara und Franziskus. Bilder einer Freundschaft,* Freiburg (Schweiz): Paulusverlag 1993
Rotzetter, Anton; Van Dijk, Willibrord-Christian; Matura, Thaddée, *Franz von Assisi. Ein Anfang und was davon bleibt,* Zürich, Düsseldorf: Benziger Verlag 1999
Sabatier, Paul, *Leben des Heiligen Franz von Assisi,* Zürich: Rascher & Cie. A.G. 1919

Schneider, Reinhold, *Die Stunde des Heiligen Franz von Assisi*, Kolmar: Alsatia Verlag o. J.

Schneider, Reinhold, *Innozenz der Dritte*, München: dtv 1963

Sloterdijk, Peter, *Weltfremdheit*, Frankfurt am Main: Suhrkamp 1993

Sölle, Dorothee, *Mystik und Widerstand*, München: Piper 1999

Sohn-Kronthaler, Michaela; Heil, Christoph; Hopfgartner, Willibald OFM (Hg.), *Provokation – Inspiration – Irritation. Franz von Assisi in der religiösen Auseinandersetzung heute*, Innsbruck: Tyrolia 2021

Welzer, Harald, *Nachruf auf mich selbst. Die Kultur des Aufhörens*, Frankfurt am Main: Fischer 2021

White, Lynn Townsend jr., *Die historischen Wurzeln unserer ökologischen Krise*, in: Günter Bayerl/Ulrich Troitsch, *Quellentexte zur Geschichte der Umwelt von der Antike bis heute*, Göttingen: Muster-Schmidt 1998

Wolff, Robert, Lee / Harzard, Harry W., *A history of the crusades, The later crusades: 1189–1311*, Philadelphia: Univ. of Pennsylvania 1962

Yoram, Nitza, *Body, Blood and Sexuality. A Psychoanalytic Study of St. Francis' stigmata and their Historical Context*, New York: Peter Lang 1993

Quellenverzeichnis

Die wichtigsten Quellen zu Franz von Assisi sind gesammelt und werden zitiert aus:

Berg, Dieter/Lehmann, Leonhard (Hrsg.), *Franziskus-Quellen. Die Schriften des heiligen Franziskus, Lebensbeschreibungen, Chroniken und Zeugnisse über ihn und seinen Orden, im Auftrag der Provinziale der deutschsprachigen Franziskaner, Kapuziner und Minoriten*, Kevelaer: Butzon & Bercker 2009 (Im Folgenden abgekürzt als »Quellen«)

Vorwort

1 Thomas von Celano, Erste Lebensbeschreibung, in: Quellen, S. 195–288, Nr. 83, S. 249

2 Rundbrief des Bruders Elias, in: Quellen, S. 185

3 Thomas von Split, in: Quellen, S. 1558

4 Adolf Holl, Der letzte Christ. Franz von Assisi, Berlin, Wien: Ullstein 1982, S. 10

I.

5 Thomas von Celano, Erste Lebensbeschreibung oder Vita des hl. Franziskus (im Folgenden abgekürzt als Celano 1), hier vor allem I. Buch, Kapitel 1

6 Die Dreigefährtenlegende, Quellen, S. 602-653, hier zitiert nach, Otto Karrer (Hrsg.), Franz von Assisi, Legenden und Laude, S. 34

7 Leonardo Boff, Zärtlichkeit und Kraft. Franz von Assisi, mit den Augen der Armen gesehen, Düsseldorf: Patmos, S. 143

8 Johannes Jörgensen, Der heilige Franz von Assisi, München: Kösel, S. 9

9 Anthony Mockler, Francis of Assisi. The Wandering Years, Oxford: Phaidon 1976, S. 36

10 Teresa von Ávila, Weg der Vollkommenheit, Gesammelte Werke, hrsg. von Ulrich Dobhan OCD und Elisabeth Peters OCD, Band 2, Freiburg im Br. u. a.: Herder 2012, S. 189

11 Jean-Paul Sartre, Der Idiot der Familie, Reinbek bei Hamburg: Rowohlt 1977, Band 1, S. 522

12 Dreigefährtenlegende, Quellen, S. 602–653 (im Folgenden abgekürzt als »DGL«), hier Nr. 2, S. 613

II.

13 DGL, S. 613

14 Anthony Mockler, Francis of Assisi, S. 36

15 Julien Green, Bruder Franz, Freiburg: Herder 1990, S. 75

16 DGL, S. 614 und Thomas von Celano, Zweite Lebensbeschreibung, in: Quellen, S. 289-421, hier Nr. 4, S. 301 (im Folgenden abgekürzt als »Celano 2«)

17 DGL, S. 613

18 Siehe etwa: Gunnar Decker, Franz von Assisi, München: Siedler 2016, S. 79 oder Paul Sabatier, Leben des Heiligen Franz von Assisi, Zürich: Rauscher 1935, S. 35

19 DGL, Nr. 6, S. 615

20 Friedrich Nietzsche, Menschliches, Allzumenschliches, in: ders., Werke in drei Bänden. Darmstadt: Wissenschaftliche Buchgesellschaft 1960. Band 2, S. 1118-1183, hier, S. 1118

21 DGL, Nr. 7, S. 616, Celano 2, Nr. 7, S. 303

III.

22 Rainer Maria Rilke, Archaïscher Torso Apollos, in: Sämtliche Werke. Erster Band, Insel Verlag, Frankfurt am Main 1955, S. 557

23 Otto Karrer (Hrsg.), Franz von Assisi, Legenden und Laude, Zürich. Manesse 1945 (im Folgenden abgekürzt als »Karrer«)

24 DGL, Nr. 8, S. 616 und Celano 2, Nr. 9, S. 304

25 DGL, S. 619

26 Jean-Paul Sartre, Tagebücher, Reinbek bei Hamburg: Rowohlt 1996, S. 465

27 Franz von Assisi, Testament, in: Quellen, S. 59

28 Celano 2, Nr. 9, S. 305

29 Adolf Holl, a.a.O., S. 62

30 Leonardo Boff, Zärtlichkeit und Kraft, S. 42 f.

31 ebenda, S. 25

32 Franz von Assisi, Testament, S. 59

33 DGL, Nr. 13, S. 619, Celano 2, Nr. 10, S. 305

IV.

34 Jon Krakauer, In die Wildnis, München: Piper 2007

35 Lynn White jr., Die historischen Wurzeln unserer ökologischen Krise, in: Günter Bayerl/Ulrich Troitsch, Quellentexte zur Geschichte der Umwelt von der Antike bis heute, Göttingen: Muster-Schmidt 1998

36 Jörgensen, a.a.O., S. 57

37 Celano 1, Nr. 10, S, 206

38 Franz Kafka, Brief an Hermann und Julie Kafka, ca. 20. Juli 1914, in: Franz Kafka, Briefe 1913–1914, hrsg. von Hans-Gerd Koch, Frankfurt am Main 2001

39 Ich halte mich hier und im Folgenden an: Celano 1, S. 205 ff. und DGL, S. 621 f.

40 Julian von Speyer, Leben des hl. Franziskus, in: Quellen, S. 523–570, hier S. 531

41 Franz Kafka, Brief an den Vater, in: Gesammelte Werke in sieben Bänden, hrsg. von Max Brod, Frankfurt am Main: Fischer 1983, Band 6, S. 119–163, hier S. 133

42 DGL, Nr. 20, S. 623

43 Celano 1, Nr. 16, S. 208 f.

44 Karrer, S. 61

45 Meister Eckhart, Wolke des Nichtwissens, zitiert nach: Dorothee Sölle, Mystik und Widerstand, München: Piper 2002, S. 294

46 Juan de la Cruz, Gotteserfahrungen, hrsg. von Johannes Boldt, Frankfurt am Main: Insel 1996, S. 86

V.

47 DGL, S. 624; Franz nannte sich selbst einen »Idioten«, siehe: Franz von Assisi, Brief an alle Brüder oder den ganzen Orden, in: Quellen, S.114–122, S. 118, Kapitel 5: »[…] ignorans sum et idiota«

48 Fioretti, nach Karrer, S. 424, sowie Quellen, Die Blümlein des heiligen Franziskus, Kap. 30, S. 1400 f.

49 DGL, Nr. 23, S. 625

50 Siehe dazu: Helmut Feld, S. 143 f.

51 DGL, Nr. 25, S. 626

52 Celano 1, Nr. 22, S. 212 f.

53 Martin Luther King, Tätige Liebe, in: ders., Kraft zum Lieben, Konstanz: Christliche Verlagsanstalt 1974, S. 47–60, S. 48

54 Harald Welzer in einem Gespräch in der »Kulturzeit« von 3sat vom 20.09.2021, siehe dazu auch sein Buch: Nachruf auf mich selbst: Die Kultur des Aufhörens, Frankfurt am Main: Fischer 2021

55 Erich Fromm, Haben oder Sein, Stuttgart: dtv 1976, S. 2 f.

56 Franz von Assisi, Gruß an die Tugenden, in: Quellen, S. 35

57 Martin Heidegger, Was ist Metaphysik? Frankfurt am Main: Vittorio Klostermann 1982, S. 22

58 G. K. Chesterton, Der heilige Franziskus von Assisi, S. 74

59 Karrer, Fioretti, S. 344; Die Blümlein des hl. Franziskus, in: Quellen, 2. Kap., S. 1347

60 zu Pietro di Cattaneo siehe: Held, S. 150 f.

61 DGL, Nr. 33-35, S. 630 f.

VI.

62 DGL, Nr. 37, S. 633

63 DGL, Nr. 45, S. 637; Cel 2, Nr. 66, S. 337

64 nach: Chronik des Roger von Wendover (um 1230), in: Quellen, S. 1577–1581, hier S. 1579

65 Chesterton, a.a.O., S. 93

66 Dietrich Bonhoeffer, Nach zehn Jahren, Qualitätsgefühl, in: ders., Widerstand und Ergebung, Werke, Band 8, Gütersloher Verlag, Sonderausgabe 2015, S. 31 f.

67 Martin Luther, Von der Freiheit eines Christenmenschen, Stuttgart: Reclam 1980, S. 124 ff.

68 DGL, Kapitel XII, S. 637 ff., Celano 1, Kap. XIII, S. 218 f.; Johannes von Perugia, Anfang und Grundlegung des Ordens, in: Quellen, S. 571–601, Kap. VII, S. 592 f.

69 hierzu: Christoph Auffahrt, Katharer, Waldenser und andere religiöse Bewegungen, München: Beck 2016 sowie Stephan Quensel, Ketzer, Kreuzzüge, Inquisition. Die Vernichtung der Katharer, Wiesbaden: Springer 2017

70 Auffahrt, S. 87

71 Quensel, S. 20 f.

72 DGL, Nr. 53, S. 641

73 Celano 1, Nr. 34, S. 218

74 DGL, Nr. 38, S. 222

75 Franz von Assisi, Das Testament, in: Quellen, S. 59

76 Franz von Assisi, Sonnengesang, in: Quellen, S. 40 f.

VII.

77 Roberto Rossellini, Francesco guillare di Dio, 1950; https://www.youtube.com/watch?v=Oa1mxrybrj4

78 Martin Luther King, Drei Dimensionen des vollkommenen Lebens, in: ders., Kraft zum Lieben, S. 117

79 Michael Ende, Momo. Stuttgart: Thienemann 1973, S. 37 f.

80 Ich beziehe mich im Folgenden auf: Celano 1, Nr. 42, S. 225 f., DGL, Nr. 55, S. 641 f.

81 Celano 1, Nr. 39, S. 223

82 Karrer, S. 158

83 Karrer, S. 78 f.

84 ebenda, S. 246; Franziskus nannte sich und die Seinen »ioculatores Domini«

85 nach Leonardo Boff, S. 148

86 Jörgensen, S. 118

87 DGL, Nr. 58, S. 644

88 Celano 2, Nr. 107, S. 359

89 Heinrich von Kleist, Über die allmähliche Verfertigung der Gedanken beim Reden, in: ders., Der Zweikampf und andere Prosa, Stuttgart: Reclam 1988, S. 93–99

90 Celano 1, Nr. 73, S. 243

91 Celano 2, 163 (nach Grau)

92 Die Zeugenberichte sind abgedruckt in: Engelbert Grau (Hrsg.), Leben und Schriften der heiligen Klara, Werl: Dietrich-Coelde-Verlag 1997, S. 27–115

93 ebenda, S. 131, siehe auch Jörgensen, S. 139 ff.

94 So beschreibt Ludwig Pfandl das Frauenbild im Mittelalter: L. Pfandl, Spanische Kultur und Sitte des 16. und 17. Jahrhunderts, München. Kösel und Pustet 1924, S. 62 f.

95 siehe dazu: Helmut Feld, S. 401 ff.

96 Julien Green, Bruder Franz, S. 219

97 Eugen Drewermann, Kleriker. Psychogramm eines Ideals, dtv: München 1989, besonders S. 481 ff.

98 Karrer, S. 138 f.

VIII.

99 Ich beziehe mich hier und im Folgenden auf: Thomas Celano, Leben der heiligen Klara, in: Engelbert Grau OFM (Hrsg.), Leben und Schriften der heiligen Klara, Werl: Dietrich-Coelde-Verlag 1997, S. 19–167, hier S. 124 ff.

100 Holl, S. 156

101 So der Theologe und Schriftsteller John R. H. Moorman, zitiert nach: Helmut Feld, S. 430

102 Volker Leppin, Franziskus von Assisi, Darmstadt: Konrad Theiss Verlag 2018, S. 136

103 Feld, S. 431

104 Karrer, Fioretti, S. 368

105 ebenda, S. 370

106 nach Jörgensen, S. 253

107 Franz von Assisi, Nichbullierte Regel, in: Quellen, S. 69–93, hier Kap. 7, S. 75 und Kap. 9, S. 77

108 Celano 2, Nr. 190, S. 402, Karrer, S. 163

109 Reinhold Schneider, Innozenz der Dritte, München: dtv 1963, S. 104

110 Sammlung von Perugia, in: Quellen, S. 1130; Karrer, S. 207, Celano 2, S. 58

111 Joseph von Eichendorff, Aus dem Leben eines Taugenichts, Stuttgart: Reclam 1977

112 Ulrich Dobhan, Teresa von Ávila und die Emanzipation der Frau, in: Waltraud Herbstrith (Hrsg.), Gott allein. Teresa von Ávila heute, Freiburg im Breisgau: Herder 1982, S. 209-234, hier S. 227

113 Hermann Hesse, Italien, Frankfurt am Main: Suhrkamp 1996, S. 290

114 Robert Walser, Der Spaziergang, aus: ders., Sämtliche Werke, hrsg. von Jochen Greven, Band 5, Frankfurt am Main: Suhrkamp 1978 und 1983, S. 126

115 Celano 1, Nr. 55, S. 232

116 Karrer, S. 140

IX.

117 Celano 1, Nr. 79, S. 246 f.; Julian von Speyer, in: Quellen, S. 523–570, hier Nr. 43, S. 552

118 Milan Kundera, Die unerträgliche Leichtigkeit des Seins, München, Wien: Hanser 1985, S. 277 f.

119 Rosa Luxemburg, Briefe aus dem Gefängnis, Berlin: Dietz 2000, Brief von Mitte Dezember 1917, S. 95–103, hier 100 f.

120 Celano 1, Nr. 58-61, Karrer, Fioretti, S. 385 f.

121 Feld, S. 226

122 Bonaventura nach: Karrer, S. 308

123 Der Spiegel der Vollkommenheit, in: Quellen, Nr. 114. S. 1321

124 Andreas Weber, Zurück zur beseelten Natur – Plädoyer für einen Perspektivwechsel, https://www.swr.de/swr2/wissen/broadcastcontrib-swr-31286.html

125 Theodor W. Adorno, Minima Moralia, Frankfurt am Main: Suhrkamp 1983, S. 253

126 Albert Schweitzer, Das Problem der Ethik in der Höherentwicklung des menschlichen Denkens, in: ders., Ehrfurcht vor dem Leben, Berlin: Union Verlag 1963, S. 7–32, S. 30

127 Papst Franziskus, Laudato si': Über die Sorge für das gemeinsame Haus, Stuttgart: kbw Bibelwerk 2015

128 Franz von Assisi, Nichtbullierte Regel, Kap. 3, S. 69 f.

129 Karrer, Kap. XXI, S. 395 f.

130 Thomas Hobbes, Leviathan, Hamburg: Meiner 1996

131 Plautus, Asinaria, siebte Szene, siehe: https://www.projekt-gutenberg.org/plautus/asinaria/chap004.html

132 Celano 2, Nr. 108; Karrer, Fioretti, S. 371 f.; Spiegel der Vollkommenheit, Nr. 101, S. 1309 f.

133 Celano 2, Nr.133, Sammlung von Perugia, in: Quellen, Nr. 10

134 Celano 2, Nr. 117, S. 365

X.

135 nach: Karrer, S. 76 f.

136 Gunnar Decker, S. 194

137 nach Sabatier, S. 192

138 Ich beziehe mich hier auf den Bericht des Jordan von Giano, in: Quellen, S. 955–1011, hier S. 972 f.

139 ebenda, S. 973

140 Wolff, Robert, Lee/Harzard, Harry W., A history oft the crusades, The later crusades : 1189–1311, Philadelphia: Univ. of Pennsylvania 1962, Kap. VI: The fifth crusade, hier S. 379

141 Bonaventura, Legenda Maior, Quellen, S. 686–778, hier S. 744

142 Gunnar Decker, S. 203

143 Jakob von Vitry, Brief aus Damiette, in: Quellen, S. 1536 f.

144 siehe Bonaventura, S. 746

145 Nichtbullierte Regel, in: Quellen, Kap. 16

146 Jakob von Vitry, Historia Occidentalis, Kap. 32, Quellen, S. 1538-1542, hier S. 1541

147 Navid Kermani, Ungläubiges Staunen. Über das Christentum, München: Beck 2016, S. 274 ff.

148 Karrer, Fioretti, Kap. XXIV

149 Eugen Drewermann, Der Krieg und das Christentum, Regensburg: Pustet 1991, S. 125 f.

150 Franz von Assisi, Segen für Bruder Leo, in: Quellen, S. 38 f.

151 M. L. King, Mittel gegen die Furcht, in ders., Kraft zum Lieben, S. 172–187, hier S. 179

152 Dietrich Bonhoeffer, Kirche und Völkerrecht, in: Werke, München: Gütersloher Verlag 2015, Bd. 13, II/3, S. 300

153 Das Gegenteil behauptet Volker Leppin, a.a.O., S. 192

154 Kathleen Warren, Daring to cross the threshold: Fancis of Assisi encounters Sultan Malek Al-Kami, Eugene: Wipf and Stock 2012, zitiert bei Kermani, S. 287

155 Jordan von Giano, a.a.O., S. 977

156 Karrer, Fioretti, S. 364 f.

XI.

157 Sammlung Perugia, Nr. 28, S. 1109

158 Spiegel der Vollkommenheit, Nr. 6, S. 1227 f.; Celano 2, Nr. 58

159 Karrer, S. 211, Sammlung Perugia, Nr. 47, S. 1119

160 Søren Kierkegaard, Die Leidenschaft des Religiösen, Stuttgart: Reclam 1958, S. 26 f.

161 Sammlung Perugia, Nr. 105, S. 1185

162 Volker Leppin, S. 237

163 Spiegel der Vollkommenheit, Nr. 71, S. 1282

164 Karrer, S. 235 und 239

165 Martin Luther King, Freiheit, Kassel: Onken Verlag 1964, S. 78

166 Karrer, S. 181

167 Chesterton, S. 145

168 Sammlung Perugia, Nr. 17, S. 1104

169 Feld, S. 308

170 Celano 2, Nr. 193

171 Nichtbullierte Regel, Kap. 7, S. 76

172 Nichtbullierte Regel, Kap. 5, S. 73, sowie: Franz von Assisi, Brief an einen Minister, in: Quellen, S. 109–110, hier S. 110

173 Erich Fromm, Haben oder Sein, München: dtv 1979

174 ebenda, S. 46

175 Sammlung Perugia, Nr. 44, Celano 2, S. 188, Spiegel der Vollkommenheit, Nr. 41, S. 1253

176 Spiegel der Vollkommenheit, Kap. 62; Sammlung Perugia, Kap. 81, Celano 2, Nr. 130, S. 372

177 Celano 2, Nr. 119 f., Spiegel der Vollkommenheit Nr. 67, Sammlung Perugia, Nr. 117

178 Karrer, S. 379 f.

XII.

179 Reinhold Schneider, Winter in Wien. Aus meinen Notizbüchern 1957/58, Freiburg: Herder 1958, S. 242

180 Karrer, S. 120 f., Celano 2, Nr. 125

181 Celano 2, Kap. 126

182 Bullierte Regel, in: Quellen, S. 94–102, hier Kap. 11, S. 101

183 Karrer, S. 264

184 siehe Volker Leppin, S. 262

185 Celano 1, Kap. 84-86

186 Jürgen Habermas, Erkenntnis und Interesse, Frankfurt am Main: Suhrkamp 1975

187 Karrer, S. 212, Spiegel der Vollkommenheit, Nr. 4

188 Karrer, S. 258

189 ebenda, S. 250 f., Spiegel der Vollkommenheit, Nr. 115, Celano 2, Nr. 166, S. 390 ff.

190 Karrer, S. 489

191 Teresa von Ávila, Buch meines Lebens, Gesammelte Werke, Bd. 1, Freiburg im Breisgau: Herder 2013, S. 532

192 Nach: Alois Prinz, Bonhoeffer. Wege zur Freiheit, Stuttgart: Gabriel 2017, S. 126

193 Schriftstück für Leo, in: Quellen, S. 36–39

194 Romano Guardini, Christliches Bewusstsein. Versuche über Pascal, München: dtv 1962, S. 16 ff.

195 Siehe Christoph Daxelmüller, »Süße Nägel der Passion«. Die Geschichte der Selbstkreuzigung von Franz von Assisi bis heute, Düsseldorf: Patmos 2001

196 Dorothee Sölle, Mystik und Widerstand, München: Piper 1999, S. 265

197 Celano 1, Nr. 104, S. 263

198 Peter Sloterdijk, Weltfremdheit, Frankfurt am Main: Suhrkamp 1993, S. 197

199 Navid Kermani, S. 155

XIII.

200 Franz von Assisi, Zweiter Brief an die Gläubigen, in: Quellen, S. 127–135, S. 131

201 Feld, S. 382

202 Franz von Assisi, Brief an einen Minister, in: Quellen, S. 109

203 Betrachtungen über die Wundmale, in: Quellen, Vierte Betrachtung, Nr. 36, S. 1464

204 Karrer, S. 244

205 Ich halte mich hier an die Übersetzung von Fra Bernardino, siehe: Bernardino Greco / Elisabeth Fuchs-Hauffen, Franziskus von Assisi. Der zärtliche Umgang mit der Schöpfung, Wörthsee bei München: Fotokunst-Verlag Groh 1998, S. 32

206 Karrer, S. 245 f.

207 Sammlung Perugia, Nr. 84, S. 1161 und Spiegel der Vollkommenheit, Nr. 101, S. 1309

208 Karrer, Nr. 87, S. 258

209 Ingeborg Bachmann, Erklär mir, Liebe, in: dies., Anrufung des Großen Bären, München: Piper 2011

210 Celano 1, Nr. 105, S. 264

211 Erich Auerbach, Mimesis, Bern, München: Francke Verlag 1964, S. 156–166

212 Franz von Assisi, Testament, in: Quellen, S. 58; Karrer, S. 565–575 (dort auch im altitalienischen Original)

213 Sammlung Perugia, Nr. 99, S. 1177

214 ebenda, Nr. 100, S. 1178

215 Spiegel, Nr. 113, S. 1320, Sammlung Perugia, Nr. 14, S. 1103

216 Rundbrief des Elias, in: Quellen, S. 180 ff.

217 Celano 1, Nr. 125, S. 277

218 Feld, S. 370

219 ebenda, S. 378

220 Umberto Eco, Der Name der Rose, München, Wien: Hanser 1983, S. 443

Nachwort

221 Luise Rinser, Bruder Feuer, Frankfurt am Main: Fischer 1982, S. 13

222 Karrer, S. 154

223 Harald Welzer, Nachruf auf mich selbst, S. 119

224 Martin Buber, Schriften zum Chassidismus, in: Werke, Band 3, München: Kösel Verlag 1963, S. 803

225 A. Holl, S. 101